江苏大学专著出版基金资助

本书系教育部人文社会科学研究青年基金项目"心理接近、伦理判断与供应商伦理管理：
基于有限道德的伦理判断偏差的中介效应"（11YJC630026）研究成果

有限道德、伦理判断
与供应商伦理管理
决策行为

陈银飞　著

BOUNDED ETHICALITY,
ETHICAL JUDGMENT
AND SUPPLIER ETHICAL
MANAGEMENT DECISION MAKING

江苏大学出版社
JIANGSU UNIVERSITY PRESS

镇 江

图书在版编目(CIP)数据

有限道德、伦理判断与供应商伦理管理决策行为 / 陈银飞著. —镇江：江苏大学出版社,2013.4
ISBN 978-7-81130-463-3

Ⅰ.①有… Ⅱ.①陈… Ⅲ.①企业伦理—研究 Ⅳ.①F270-05

中国版本图书馆 CIP 数据核字(2013)第 074319 号

有限道德、伦理判断与供应商伦理管理决策行为
YOUXIAN DAODE LUNLI PANDUAN YU
GONGYINGSHANG LUNLI GUANLI JUECE XINGWEI

著　者/陈银飞
责任编辑/张　平　柳　艳
出版发行/江苏大学出版社
地　址/江苏省镇江市梦溪园巷 30 号(邮编：212003)
电　话/0511-84446464(传真)
网　址/http://press.ujs.edu.cn
排　版/镇江文苑制版印刷有限责任公司
印　刷/丹阳市兴华印刷厂
经　销/江苏省新华书店
开　本/890 mm×1 240 mm　1/32
印　张/6.875
字　数/201 千字
版　次/2013 年 5 月第 1 版　2013 年 5 月第 1 次印刷
书　号/ISBN 978-7-81130-463-3
定　价/29.00 元

如有印装质量问题请与本社营销部联系(电话:0511-84440882)

前　言

在经济全球化、企业结构扁平化的今天，无论是世界著名公司还是国内知名企业都无法单纯依靠自身的力量获得竞争优势，因此与外部供应商合作至关重要。大型集团公司就像俄罗斯套娃一样，里面层层嵌套了小企业。大型集团公司虽然以独立的形象面对公众，但在很大程度上依赖于外部供应商来完成整个集团的经营运作，而外部供应商通常是规模较小的企业，甚至是个体与散户。这种运作方式既可以灵活应对万变的市场需求，又可以保持内部组织结构精简。但是，众多的供应商中只要有一家从事了不符合伦理规范的行为，整个集团公司就会面临致命的道德风险，轻则品牌受损、产品召回，重则直接破产。因此，企业应该实行供应商伦理管理，即要求供应商遵守法律法规、符合伦理规范、承担社会责任，使供应商的行为与购买企业的标准相一致。而事实上，很多大型的集团公司曾经或正在面临来自供应商的道德风险：默多克新闻集团因其所雇佣侦探的窃听行为而被迫关闭了《世界新闻报》；三鹿集团因奶农在牛奶中添加三聚氰胺而破产；双汇集团因养殖户在猪饲料中添加瘦肉精而面临信任危机；苹果公司时常面临来自供应商的环境与健康问题的质疑；耐克公司也经常被指控是血汗工厂。

为何如此多的知名集团存在供应商伦理管理"盲区"？是道德缺失还是利益驱使？公众媒体与学术界倾向于批评现代企业的领导者与高管，认为他们要么缺乏较强的伦理标准，要么因经济利益或竞争压力而放弃了伦理准则。这固然是部分原因，但不是全部。近年来关于行为伦理与有限道德的研究指出伦理决策的质量具有有限性，即道德水准高的决策者并不一定能够作出完全理性的伦理决策。绝大部分的管理者本意并不想破坏商业伦理，但会在无意识中从事不符合伦理规范的行为，或对员工的不道德行为视而不见，甚至助长这种行为。

本书主要基于有限道德的理论研究供应商不符合伦理规范行为的类型及特质对企业供应商伦理管理的影响，以及伦理判断对供应商不符合伦理规范行为的类型及特质与企业供应商伦理管理之间关系的中介作用。有限道德是一种系统的、可预测的心理过程，这种心理过程使人们实施与自身道德准则不符的不道德行为。由于有限道德，即使是显性道德水准很高的决策者也会在对供应商伦理行为的判断中产生系统性的偏差，进而导致供应商伦理管理的失效。同样，社会公众在判断企业行为是否符合伦理规范时，也会因有限道德产生偏差。此时，企业就会放任供应商从事不符合伦理规范的行为，甚至主动向供应商转嫁不符合伦理规范的行为。基于此，本书构建了有限道德、伦理判断偏差与供应商伦理管理决策行为的理论模型，并用实验的方法进行了验证。全书共分六章：

第一章是导论。首先，提出了研究的问题，阐述了本研究的理论和现实意义。接下来，根据研究对象，对伦理决策、有限道德、不符合商业伦理规范的行为、供应商伦理管理等相关概念进行了界定。然后，说明了研究思路、研究方法和主要内容。最后，介绍了主要结论和可能的创新。

第二章是文献回顾，对伦理决策理论、企业社会责任理论、企业与供应商关系中伦理问题的研究以及道德判断模型等与供应商伦理管理相关的文献进行了简要评述，找出了被研究者忽视的导致供应商伦理管理失效的因素。

第三章是理论基础，对本书的理论基础，即有限道德理论进行了探讨，阐述了有限道德的内涵，分析了有限道德产生的原因，并着重描述了有限道德导致的系统性的伦理判断偏差。

第四章是模型构建。首先构建了基于有限道德的供应商伦理管理的一般模型；然后对供应商不符合伦理规范行为的类型与企业供应商伦理管理之间的关系进行探索性研究；接着研究在有限道德的制约下，供应商不符合伦理规范行为的特质（形成方式、结果的好坏、受害对象是否确定）与企业供应商伦理管理之间的关系，以及伦理判断对供应商不符合伦理规范行为的特质与企业对供应商伦理管理之间的关系的中介作用；此外，还分析了基于有限道德的社会公众的伦理判断偏差对企业供应商伦理管理的影响。

第五章是实验研究，设计了三个实验对供应商不符合伦理规范行为的特质与企业对供应商伦理判断及伦理管理程度之间的关系进行验证，同时还设计了两个实验来验证社会公众对企业行为的伦理判断偏差（不作为偏差与间接损害偏差）对企业供应商伦理管理的影响。

第六章是结论与启示。首先，对前面各章的研究进行了总结，并根据实证研究的结果得出了研究结论，提出了有效管理供应商伦理行为的建议；然后，总结本书的研究贡献、研究局限，对未来研究提出建议。

目　录

1 导论

1.1 问题及意义

1.1.1 问题的提出

随着经济的发展,企业的性质也发生着变化。股东财富观点已经不能回答企业理论的两个基本问题:价值创造与价值分配。只有透过利益相关者的研究视角,才能完美地解决这两个问题。规范性研究认为,企业应该为利益相关者创造尽可能多的价值,并公平分配价值,兼顾各利益相关者的利益;工具主义者认为,利益相关者兼顾的治理方式不仅能够提高企业的社会绩效,而且能够提高企业的财务绩效。[①] 在企业内部有着重要的利益相关者,如股东、管理者、雇员等,他们之间的利益存在冲突。传统的公司治理研究就是为了解决好这些内部利益相关者的利益冲突问题。Verkerk 等认为在企业的外部也有着重要的利益相关者,如供应商。Wheeler 和 Sillanpää 将利益相关者分成主要的和次要的,而供应商则属于主要的利益相关者。Post 将利益相关者层次化,第一层次是确定型的利益相关者,第二层次是预期型的利益相关者,第三层次是潜在型的利益相关者,而供应商则属于确定型的利益相关者。企业与供应商的关系非常重要,与供应商建立长期的信任与合作关系是企业保持持续竞争优势的关键。

供应商伦理管理(Supplier Ethics Management)是供应商管理

---

① Donaldson T, Preston L E. The Stakeholder Theory of the Corporation: Concepts, Evidence, and Implications. *Academy of Management Review*, 1995(20): 65—91.

的必不可少的一部分。Duran 和 Sanchez 指出,伦理管理能够增强企业与供应商之间的相互信任,促进长期合作。因此,企业应该实行供应商伦理管理,即从遵守法律法规、伦理与承担社会责任三个方面管理供应商,使供应商的行为与购买企业的标准相一致。伦理管理的质量直接影响企业的价值创造及价值分配。因此,优化供应商伦理管理决策至关重要。

在这个开放、对等、共享、全球运作的 21 世纪,公司反规模化,外包极为盛行。今天的任何一家企业,无论其如何庞大,无论其全球化的程度如何之高,都无法靠自身的力量实现更快更大的创新,因此和供应商协作至关重要。许多公司将其大部分业务外包给外部的供应商,一旦供应链上的某个企业出现道德问题,承担大部分责任的往往是供应链上最知名的企业,而不仅仅是出问题的企业本身。供应商伦理管理的失效轻则导致直接的经济损失、品牌受损,重则威胁到企业的生存。有效的供应商伦理管理则可以避免因供应商的不符合伦理规范的行为而导致的品牌受损及产品召回等带来的损失。

1996 年,耐克公司遇到了一场前所未有的大麻烦。原因是 CBS 的新闻节目曝光了该公司在越南滥用劳工的细节片断。耐克公司随即成为"血汗工厂"的代表之一,并受到大规模的联合抵制。更严重的是大多数为社会投资者服务的共同基金也不再投资于耐克公司的股票。2006 年,戴尔公司召回 410 万块电池。这次大规模召回行动正是由于笔记本电脑中使用了索尼电池。虽然索尼公司负责换发电池的材料以及承担服务成本,但戴尔公司则赔上了商誉。2007 年,美国美泰公司在两周时间内,两次宣布在全球召回 2020 万件问题玩具,原因是供应商使用了未经许可的含铅涂料,违反了安全标准。2008 年,中国发生"毒奶粉"事件,蒙牛、伊利等奶粉厂家纷纷召回问题奶粉,而三鹿公司的结局则更惨。原因是奶农与收奶站在牛奶中违法添加了三聚氰胺。这些活生生的惨痛教训无一不是告诉我们供应商伦理管理的重要性。

随着企业经营活动给社会带来负面影响的逐渐显露,社会各界要求企业承担社会责任的呼声也越来越高。一方面,公司应该为其影响到他人、社会和环境的所有行为负责任,另一方面企业社会责任已成为关系到企业生存的至关重要的问题,所以企业社会责任研究的内容不再是讨论企业是否应该承担社会责任,而是如何正确地界定社会责任的范围。Fukukawa 和 Moon 认为,企业社会责任的范围很广,已经拓展到企业的供应链关系中。近几年来,企业供应链关系中的企业社会责任的研究也日渐增多。① 企业只是做到独善其身已经远远不够了。如果企业的供应商没能遵守伦理规范,履行社会责任,那么企业也会因此受到牵连,损害自身的品牌形象。企业必须花费财力、物力及人力向供应商传达企业的标准、期望以及价值理念并管理供应商的伦理行为,确保整个供应链遵守伦理规范。企业不仅要承担自身必要的社会责任,还应敦促供应商承担社会责任。社会责任范围的扩展以及要求企业承担社会责任呼声的提高促使企业实行供应商伦理管理。

供应商是企业至关重要的利益相关者,供应商伦理管理的质量影响着企业与供应商的长期合作关系,供应商伦理管理对企业的价值创造与价值分配都至关重要。企业自身品牌的维护、甚至是自身的安全也离不开对供应商的伦理管理。另外,社会各界要求企业承担社会责任的呼声也要求企业把社会责任的范围扩大至整条供应链,这些都需要企业实行有效的供应商伦理管理。也就是说,企业应关注供应商的伦理问题,如人权问题、环保问题、安全问题、慈善活动及多样化购买活动等,并采取相应的措施促使供应商优化伦理决策行为,主动承担社会责任。

1.1.2 伦理判断:有效伦理管理的起点

无论是来自外部的压力,还是出于自身安全的考虑以及与供应商之间的关系治理的需要,企业都需要实施供应商伦理管理。那么企业如何优化对供应商伦理管理的决策行为呢?

---

① Fukukawa K, Moon J. A Japanese Model of Corporate Social Responsibility? *The Journal of Corporate Citizenship*,2004(16):45—59.

在过去的几十年中,伦理决策一直备受学术界的关注,相关研究大都围绕着伦理决策的过程及其影响因素而进行。有研究将伦理决策过程分为四个阶段,即伦理意识、伦理判断、伦理意图、伦理行为,并分析了影响伦理决策行为的个体因素、组织因素、环境因素及问题本身的道德强度。[①] 这些研究对供应商伦理管理有着非常重要的意义,成为供应商伦理管理决策行为研究的基础。

但是这些研究关注的是决策者自身所面临的伦理问题,而供应商伦理管理针对的则是他人的伦理问题。这两者存在差异。供应商伦理管理需要企业管理者首先觉察到供应商不符合伦理规范的行为,对供应商的行为进行正确的伦理判断,然后决定是否对供应商进行责备或惩罚,进而才能阻止供应商不符合伦理规范的行为。在供应商伦理管理过程中,企业决策者对供应商行为的伦理判断至关重要。如果伦理判断出现了偏差,企业对供应商的伦理管理就会失效。因此,对供应商行为无偏差的伦理判断是进行有效供应商伦理管理的起点。

在完全理性的伦理判断模型中,人们能够权衡事件的利害,准确地做出无偏差的伦理判断。理性的伦理判断是决策者根据自身的价值观念以及企业的伦理准则,通过推理与深思熟虑,对可能涉及伦理问题的行为进行的判断。理性的伦理判断模型认为,那些具有高水准伦理价值的人会对他人的伦理判断更严格。

然而,现实中的伦理问题往往是复杂、混乱、不易辨别的,企业决策者也不是完全理性的经济人。行为经济学的研究结果已经告诉我们,人是有限理性的"社会人""精神人"以及"物质人"的结合体。在伦理决策中,决策者的道德同样具有有限性,即伦理决策中存在系统性的偏差,这些认知偏差可以导致品行端正的人无意识地做出不道德的事情(违背自己奉行的道德准则)。Chugh, Bazerman 和 Banaji 等人提出有限道德(Bounded Ethicality)的概

---

① Jones T M. Ethical Decision Making by Individuals in Organizations: An Issue-Contingent Model. *Academy of Management Review*, 1991(160):366—395.

念,用来描述人们所奉行的道德水准与实际行为表现出的道德水准之间的系统性的偏差。由于有限道德,人们会在无意识中做出与自己道德准则不符的不道德行为。①

在供应商的伦理管理中,企业的决策者没有时间也没有无限的认知能力根据企业的伦理准则及自身的价值体系去理性地判断供应商行为是否违背了伦理规范。企业管理者由于有限道德,在对供应商进行伦理判断时,不可能做到准确无误,因此对供应商行为的伦理判断会出现系统性偏差。这些偏差导致企业未能揭示供应商的伦理问题,进而使得供应商伦理管理失效。

因此,本书将探讨在有限道德的制约下,企业对供应商行为的伦理判断中的一些偏差,以及这些偏差如何影响供应商伦理管理。

1.1.3 研究意义

(1) 本研究的实践意义

① 为供应商伦理管理提供有效的对策

供应商是向企业提供生产经营所需资源的企业或个人,其所提供的原材料数量和质量将直接影响产品的数量和质量,所提供的资源价格会直接影响到产品成本、价格和利润。良好的供应商关系不仅能使买方企业减少库存,降低成本,稳定原材料来源,提高企业的竞争能力,而且能使企业共享供应商的零部件设计技术优势,研制出更好的产品,最终取得战略上的竞争优势。

但是,如果供应商出了问题,企业同样会受到损害。因此,企业仅仅做到自身符合社会伦理规范还远远不够,必须把供应商也纳入伦理管理范畴。供应商伦理管理的好坏直接关系到企业的品牌维护甚至企业的生存。国际知名企业因供应商的不道德行为而受到损失的报道时有出现。如果这些报道还没有引起企业高管的足够重视,那么三鹿公司因没有阻止奶农及收奶站往牛奶中添加

---

① Chugh D,Bazerman M H,Banaji M R. Bounded Ethicality as A Psychological Barrier to Recognizing Conflicts of Interest. In Moore D A,Cain D M,Loewenstein G F & Bazerman M H(Eds.),*Conflicts of Interest：Problems and Solutions from Law,Medicine and Organizational Settings*,Cambridge University Press,2005.

三聚氰胺而倒闭的惨痛教训则给国内企业敲响了供应商伦理管理的警钟。

企业应如何应对供应商的不符合伦理规范的行为,或者说,企业应如何敦促供应商在健康保护、人权问题、劳工标准、工作环境与环境责任等方面达到一定的社会伦理标准是一个亟待解决的问题。本书的研究将为解决这一问题提供切实有效的对策。

② 指导企业防范供应链诚信风险

随着全球化的进程加速,行业与地理界限日渐消失,企业也变得越来越水平化、网络化,与其他企业的合作越来越密切。一方面,面对日益激烈的竞争局面,企业发展供应链管理可以促进协调运作,可以提升协作企业共同的竞争力。另一方面,来自供应链的违规及其他一些严重的错误对企业品牌与声誉的损害也越来越明显。

企业虽然不能防范所有风险,但是可以迅速发现问题,并提前思考解决方法并制定应急预案。本书的研究将有助于企业防范供应链诚信风险(Supply Chain Integrity Risks),减少来自第三方的风险。

③ 为企业供应链社会责任管理提供一定的参考

不只是大型的跨国公司,中小企业也面临着日益复杂的供应链网络。供应链中,购买商与供应商的关系也发生了很大的变化,他们之间可以是联盟、合作伙伴,也可以是无边际的组织形式。这种长期的合作关系需要企业不仅关注自身的形象还要关注供应链中合作伙伴的形象。企业不仅自己要承担社会责任,还需要承担供应链社会责任。也就是说,企业需要重塑内部治理结构和管理程序,调整采购行为策略,采用与供应商(包括分包商)沟通与合作的方式,鼓励其遵守社会责任有关法律法规和准则倡议,并促使其实施有效的管理方案以使其遵守行为系统化。供应链责任比企业社会责任更注重上下游企业的合作。如果只在自己范围内管理好社会责任事务,而不顾及企业行为对上下游企业的社会责任影响,一方面社会责任绩效很难有实质性改善,另一方面企业社会责好而供应链责任差,也不能被社会公众认可。

不管是出于何种动机,如社会压力、控制供应链中合作伙伴、伦理的考虑①等等,企业都需要供应链中的合作伙伴承担社会责任。但是,把社会责任融入供应链的管理非常困难。如何在整个供应链中实施社会责任管理? 如何在供应链中建立、实施并监管伦理决策? 本书的研究将有助于解决这些问题。

（2）本研究的理论意义

① 企业伦理决策研究视角的创新

企业社会责任的承担以及与各利益相关者关系的改善都需要企业加强伦理管理。近 20 年来,关于企业伦理决策的研究很多,这些研究大都围绕着影响伦理决策的因素及伦理决策的过程。"烂苹果"派（Bad Apples）认为个体本身的特征决定伦理决策行为,而"染缸"派（Bad Barrel）则认为组织及社会环境决定着行为的伦理性。关于伦理决策的过程,学者们也提出了多种模型。被大家普遍接受的是 Jones 在 Rest 四阶段伦理决策模型（伦理意识、伦理判断、伦理意图及伦理行为）基础上融入了道德强度与组织因素的模型。

人们在探讨道德败坏行为背后的原因时,总是责怪公司监管人员以及政府管制的失效。人们认为公司高层管理人员应该对这种道德败坏行为负责,并认为商学院应该为未来的公司管理者提供应有的道德培训,政府也应该制定强有力的措施来防止这种败德行为的出现。然而,仔细研究就会发现,如果其他人都能遵从道德规范,那么少数的道德败类就成不了大气候。实际上,几乎每个人的决策或行为或多或少地会背离道德规范。而人们自己却并不认为自己是个败类,也不认为自己的行为不道德,在将来也不打算实施败德行为。当人们身处其中时,人们往往关注问题的其他方面,忽略了伦理问题,因而没能意识到自己的不道德行为。也就是

---

① Cramer J M. Organising Corporate Social Responsibility in International Product Chains. *Journal of Cleaner Production*, 2007.

说,人们对自身道德水准的认识存在偏差。因为绝大多数的不道德行为是当事人在无意识中做出的,即使那些好人也会在无意识中做出不道德的行为。所以本研究不去寻找所谓的"烂苹果",也不去探寻组织与社会环境对伦理决策的影响,而是用行为经济学的研究范式,放松经济学中完全理性人的假定条件,在有限理性的范畴下研究伦理决策,推翻无限道德的假设,研究有限道德的决策者真实的伦理决策行为。

本书采用行为经济学的研究方式,研究基于有限道德的管理者如何进行供应商伦理管理,这将为企业伦理决策的研究提供一个新的视角。

② 伦理判断研究视角的创新

对于道德判断的研究一直以理性模型为主。传统的理性主义模型认为,道德判断是一系列理性推理的结果;而社会直觉模型认为,很多时候人们的道德判断更多的是一种直觉和情感的结果;Greene 的二元道德判断模型则认为情感和认知在道德判断中的作用是存在冲突和竞争的。David Messick 的研究表明人们会认为自己比他人更公正。后来其他学者的研究也指出:人们总是对别人的伦理行为更挑剔,会怀疑他做好事的动机,认为他人比自己更自私,更容易受到金钱的诱惑,会认为自己比他人更诚实更值得信任。但是,人们并不总是挑剔他人的伦理行为。事实上,在某些场合下,对于他人的不符合伦理规范的行为,人们会另眼相看,对他人行为的伦理判断会产生系统性的偏差。

本书在对相关理论进行述评的基础上,将行为的心理模式与有限意识结合起来,并把 Simon 的有限理性扩展到对供应商的伦理判断中,在有限道德的框架下研究伦理判断偏差。这一研究能为对他人的伦理判断的研究提供新的研究视角。

1.2　相关概念的界定

1.2.1　有限道德与有限伦理

（1）伦理与道德

道德（Morality）与伦理（Ethicality）是两个相近的概念，人们也总是将伦理与道德两个概念通用，但二者还是存在本质上的区别。道德更多用于人，更含主观、主体、个人的意味，而伦理则更具有客观、客体、社会、团体的意味。伦理范畴侧重于反映人伦关系以及维持人伦关系所必须遵循的规则，道德范畴侧重于反映道德活动或道德活动主体自身行为的应当；伦理范畴侧重于社会，强调客观的方面，是他律的，道德范畴侧重于个体，强调主观内在操守方面，是自律的；伦理是客观实体，道德是主观修养操守；伦理为道德提供现实内容，道德是客观伦理的主观内化；虽然道德本身也具有关系属性，且只有在关系中才能被把握，然而，道德的这种关系属性却是由伦理所提供或所规定的，即道德的关系内容就是伦理；伦理指的是一种客观的社会关系，道德则指的是个体自身对这种客观社会伦理关系及其要求的体认、践行，以及在此基础上所形成的个体情感、意志。

（2）有限道德与有限伦理①

传统观点认为道德受到挑战的原因是人们在正确行为和自利行为之间选择了后者。但是，许多不道德的事是当事人在无意识的情况下做出的。认知偏差可以导致品行端正的人无意识地做出不道德的事情（违背自己奉行的道德准则）。

有限道德的提出是对 Simon 有限理性的扩充，是有限理性在道德范畴中的体现。有限道德是一种系统的、可预测的心理过程，

---

① 根据本书对道德与伦理的界定，在指决策者个体时，采用有限道德的说法，而在指企业或供应商时，采用有限伦理的说法。

这种心理过程使人们实施与自己道德准则不符的不道德行为。[①]。有限道德推翻了无限道德的假设,研究人们可预测的背离理性的系统性错误,关注的是人们违背外显道德规范的道德错误,它描述了人们所认为的道德水准与实际的道德水准之间的差异。决策者所做出的决策不仅损害别人的利益,也不符合自己外显的信念和偏好,这就是有限道德。有限道德会以多种形式表现出来:不自觉地沽名钓誉、内隐态度、内群体互惠、漠视未来以及利益冲突。[②]

道德界定的是个人特质,是个人的。而伦理强调则是道德应用于其中的社会系统。也就是说,伦理指的是个体所属群体所期望的标准或准则。所以伦理可以是民族的、社会的、企业的、职业的甚至是家庭的。决策个体由于认知偏差,具有有限道德,而在企业层面,企业伦理也不是无限的,表现出有限伦理。也就是说,企业并没有达到自身所期望的伦理程度。由于伦理的有限性,企业行为所表现出的伦理程度与企业所期望达到的标准存在偏差,而企业却没能察觉这种背离。

1.2.2 伦理决策、商业伦理与企业社会责任

(1) 伦理决策

从目前国内外的文献来看,学者们没有直接给"伦理决策"下定义。因为大多数商业活动都涉及伦理问题,所以"伦理决策"的提法就变得非常自然。

但是,伦理决策(Ethical Decision Making)与一般的决策不同:伦理决策是多目标的,从共时的角度需要兼顾各利益相关者的利益,从历时的角度则需要权衡长期利益与短期利益;伦理决策涉及价值判断,与决策主体及各利益相关者的价值取向与认知模式有

---

① Chugh D,Bazerman M H, Banaji M R. Bounded Ethicality as a Psychological Barrier to Recognizing Conflicts of Interest. In P M Moore D A,Cain D M,Loewenstein G F & Bazerman M H(Eds.), *Conflicts of Interest: Problems and Solutions from Law,Medicine and Organizational Settings*,Cambridge University Press,2005.

② Bazerman M H, Moore D. *Judgment in Managerial Decision Making* (7th ed.). Hoboken,John Wiley & Sons,Inc,2008.

关；伦理决策很难有明确的评判标准，决策质量的好与坏可能需要一段时间才能显现。

（2）商业伦理

本书研究的伦理决策属于商业伦理的范畴。商业伦理（Business Ethics）是管理学和伦理学学科交叉的产物，是指任何商业组织从事经营管理活动时除了必须遵守法律外，还应该遵守的伦理准则。商业伦理不同于个人道德与普通伦理，是超越法律、市场准则及普通道德标准的一套标准，用以规范企业人员的行为。它可以分为对内和对外两部分，对内是指企业内部管理和控制中要坚守的伦理标准和实行的措施，对外是指企业对外经营决策和活动中要把握的伦理标准。具体来讲，商业伦理体现在以下三个层面：

第一，微观层面。如企业中雇主和雇员，管理者和被管理者，同事与同事之间，企业与投资者、消费者之间在关系处理和行为中的伦理准则。

第二，中观层面。企业和企业之间、企业和社会其他组织之间在关系处理和行为中的伦理准则。

第三，宏观层面。企业社会责任是指企业对社会、对人类文明所应该承担的相应责任。如保护社会环境，资源再生利用，支持社会可持续发展等。

从企业的角度来看，商业伦理体现在企业与各利益相关者的关系中：

第一，企业与员工的关系。企业应该尊重员工、爱护员工，努力为员工提供良好的工作和生活条件；企业应当本着公正合理的原则，为员工提供平等的上岗就业、工资分配和接受教育、职位升迁的机会；企业应本着民主平等的原则，为员工创造自我管理企业的机会，激发员工的主人翁责任感，从而使员工尽心尽力地为企业的生存和发展而努力工作。

第二，企业与投资者的关系。企业应保护投资者的资产不受损失、损坏，不被滥用或盗窃；不得依靠在其工作中获得的尚未公开的信息从事证券交易或任何其他财产的交易;诚实、正确地记录与报告信息,所有财务账簿、记录及账户必须准确反映各交易及事件,并且与规定的会计原则一致,不得做假账、虚账。

第三,企业与消费者的关系。企业应当为消费者提供质优价廉、安全可靠、舒适耐用的商品,满足消费者的物质和精神需求,不制造或销售危害消费者身心健康的假冒伪劣产品,销售中不缺斤短两、以次充好,不搞虚假广告等。

第四,企业与其他企业。企业与供应商、经销商之间要诚实守信、互利互惠;企业与同行之间要公平竞争、互助合作,不能靠特权和关系、地方保护主义,甚至以武力相威胁等手段强行销售自己的产品。

第五,企业与政府的关系。企业应当合法经营、照章纳税,应当支持政府的社会公益活动、福利事业、慈善事业,服务社会。

第六,企业与社区的关系。企业应当为社区提供就业机会,尤其是帮助残疾人就业,为社会排忧解难;企业应当积极参与社区的公益活动、慈善事业,救助无家可归人员,帮助失学儿童重返校园,支持老少边地区发展经济,资助社区的文化、教育和体育事业等。

第七,企业与生态环境的关系。企业应当维护生态环境,注重可持续发展。

(3)企业社会责任

企业社会责任(Corporate Social Responsibility)是指"企业自愿将社会和环境利害关系结合到企业经营活动中以及与其利益相关者的相互作用。对社会负责任意味着不仅要履行法律义务,而且还要超越法律义务,在人力资本、环境以及与利益相关者的关系中做出更多的投入"。① 它包括四个方面:一是公司治理和道德标准;二是对人的责任,主要是对员工的责任;三是对环境的责任;四是对整个社会发展的广泛贡献。

良好的企业伦理是企业通过履行社会责任来实现的。企业通

---

① 这是欧洲委员会在其2001年绿皮书中提出的定义。

过承担社会责任,既可以更好地体现自身的价值,也可以赢得声誉和社会认同,为企业发展营造良好的社会氛围。企业遵循良好的伦理道德,履行必要的社会责任,不仅是企业自身发展的需要,也是整个社会和谐和持续发展的需要。

有些学者认为伦理与企业社会责任之间没有显著的差别。[①] 而 Carroll 等学者认为伦理包含在企业社会责任中。[②] 本书的研究对象是对供应商的伦理管理,并不严格区分企业伦理与企业社会责任,重点是企业如何发现供应商存在伦理或社会责任问题,并做出准确的伦理判断,进而对其进行伦理管理。

1.2.3 不符合商业伦理规范的行为

许多学者界定过不符合商业伦理规范的行为。[③] Jone 给出的不符合商业伦理规范行为的范围比较宽泛,认为任何不合法的或不被外界接受的不道德的行为都不符合商业伦理。本书从企业与利益相关者关系的角度对企业不符合商业伦理的行为界定较宽的范围,包括不合理的和不合法的行为,具体有如下几点:

第一,对员工的不符合伦理规范的行为。如:恶意拖欠、克扣工资;超时加班或昼夜加班,或加班费不符合国家标准;使用童工;职业保护不力而使工伤事故频发;患职业病现象严重;威胁、暴力或强制超体力劳动;言语、身体或视觉上的侮辱,骚扰或冒犯的行为以及不受欢迎的性接近;随意打骂、体罚员工;基于种族或民族特征的言辞不恭;不为员工购买社会保险,不签订劳动合同;住宿伙食极差,让人无法忍受;随便违法罚款;工资达不到当地政府的最低工资标准;等等。

第二,对投资者的不符合伦理规范的行为。如:损坏、滥用或

---

① Beauchamp Tom L, Norman E Bowie. *Ethical Theory and Business*. Upper Saddle River, Prentice Hall, 2001.

② Jennings Marianne M, Jon Entine. Business with A Soul: A Reexamination of What Counts in Business Ethics. *Journal of Public Law and Policy*, 1999(20): 1—88.

③ Treviño L K, Weaver G R, Reynoldss J. Behavioral Ethics in Orgunizantions: A Review. *Journal of Management*, 2006.

盗窃投资者的资产;披露虚假信息;通过内幕消息从事证券交易;做假账、虚账;违法占用上市公司资金;等等。

第三,对消费者的不符合伦理规范的行为。如制造或销售危害消费者身心健康的假冒伪劣产品,缺斤短两、以次充好,虚假广告等。

第四,对供应商的不符合伦理规范的行为。如:私人购买,即采购部门为其员工个人的需要而购买物品;接受供应商的好处;故意误传某些信息以使供应商觉得自己在交易中有利可图;通过故意夸大供应商造成的问题,攫取罚金或从供应商那里获得让步;提前泄露公开招标价格信息;通过欺骗的手段不公平地获得信息;说谎或误导;乘人之危,对处于财务困境中的供应商施加压力,以更低的价格购得货物;以大压小,不能在公平的环境下共处;对供应商提供的样品或其他工作不给予补偿;利益冲突,采购员因为自己或家庭、亲戚在某个供应商那里有直接的经济利益而采购这个供应商的产品;互惠,采购企业与自己的客户达成一种采购协议:如果你从这里采购,我就从你那里采购;等等。

第五,对经销商的不符合伦理规范的行为。如:对经销商说大话,忽悠经销商;把尚未进行严格市场验证的新产品推销给经销商;不听经销商所反馈上来的建议,我行我素;尽可能地把经营风险和成本向经销商头上转移,拖延经销商垫支的费用;不考虑经销商的知情权和选择权,有意隐瞒关于产品和厂家计划的一些真实情况;等等。

第六,对政府的不符合伦理规范的行为。如:不依法经营、偷税漏税;不支持政府的社会公益活动、福利事业和慈善事业;向政府官员提供礼物、款待及旅行;等等。

第七,对社区的不符合伦理规范的行为。如:企业不能积极参与社区的公益活动、慈善事业;不支持老少边地区发展经济;不资助社区的文化、教育和体育事业;等等。

第八,对生态环境的不符合伦理规范的行为。企业对生态环境的不符合伦理规范的行为主要体现在环境污染与资源破坏两个方面,具体包括:大气污染、陆地水污染、海洋污染、噪音污染、固体废物污染、放射性污染、有毒化学品污染等;对土地资源、森林资源、草原资源、水资源、矿产资源、物种资源、自然景观、风景名胜地和文化遗迹地的破坏等。

1.2.4 供应商伦理管理

（1）供应商

供应商是向企业提供生产经营所需资源的企业或个人,包括原料、零部件供应商、资金供应商及技术供应商。供应商所提供的原材料数量和质量将直接影响产品的数量和质量,所提供的资源价格会直接影响到产品成本、价格和利润。正确认识和处理好与供应商的关系非常重要,良好的供应商关系不仅能使买方企业减少库存,降低成本,稳定原材料来源,提高企业的竞争能力,而且能使企业共享供应商的零部件设计技术优势,研制出更好的产品,最终取得战略上的竞争优势。

为了保持与供应商良好的合作关系,企业必须与供应商保持密切的联系,及时了解供应商的变化和动态,使货源供应在时间性和连续性上能得到切实保证。但在供大于求的市场里,供应商时常被忽略,采购人员或是采购经理们有着生杀予夺的大权。企业往往只关注客户,只考虑与客户之间的关系,而不关注与供应商之间的伦理问题。实际上,如果企业想给客户传递强烈的伦理信号,也必须正确处理好与供应商之间的关系。一些优秀的企业,视供应商为上帝,和供应商一起成长或扶持供应商成长。供应商在一些较大的企业里受到越来越多的重视。

（2）供应商伦理管理

无论一家企业如何庞大,无论其全球化的程度如何之高,都无法靠自身的力量实现更快更大的创新,和供应商协作至关重要。许多公司都将其大部分业务外包给外部供应商。如果供应商的行为不符合伦理规范,那么企业也会因此受到牵连,甚至面临品牌损害、产品召回甚至破产的风险。因此对供应商的伦理管理不仅是企业自身伦理管理的延伸,也是企业安全管理的需要。另外,供应商伦理管理还受到法律、合作伙伴、消费者、媒体以及环境等外部因素的驱动。随着进出口的标准越来越严,产品安全标准也越来越细,企业必须在强化自身标准的同时对供应商实行伦理管理。

然而,美国诚信互动咨询公司(Integrity Interactive Corporation)最近的一项调查却发现企业供应商伦理管理还没有受到足够的重视。这项调查发现,88%的企业没有一个评价、跟踪供应商并与其联系的平台,78%的企业没有把供应商纳入到伦理管理中,将近58%的企业并不确信是否应该定期评估其供应链伦理风险,56%的企业没有定期审计供应商的违规行为。

企业只是做到自身符合伦理规范还不够,公众会根据企业所处的整个供应链伦理水准来评判企业行为。如果供应商为了获得更多的利润而无视生产标准,那么不管这个供应商离企业有多远,最终承担损失的都是知名企业而不是供应商。当今,供应商伦理问题越来越重要,是企业面对的最重要的伦理问题之一。供应商伦理影响着企业的销售收入与市场份额,这是因为消费者会奖赏那些符合伦理规范的企业而惩罚违反伦理规范的企业。

企业与供应商的关系中涉及两类伦理问题,第一类是企业应如何友善地对待供应商。如维护供应商的合理权益;平等对待每一位供应商;在交易合同中保持公正与诚信、相互尊重、共享真实信息;及时付款;不向供应商乱摊派(拉赞助)、不乱罚款;不将商品损耗转嫁给供应商承担;不接受供应商请吃、请喝及其他任何形式的娱乐活动;不接受供应商任何形式的馈赠;不收受供应商提供的贿赂、回扣或者其他可能影响作出商业判断的重大利益;尊重供应商公司文化的同时,按照商业礼仪对待供应商及其商业代表;无正当理由不随意向供应商退换货;等等。第二类是企业应如何应对供应商的不道德行为。也就是说,企业应关注供应商的不道德行为,帮助并敦促供应商在健康保护、人权问题、劳工标准、工作环境与环境责任等方面达到一定的社会责任标准(如 SA8000 社会责任认证标准)。

供应商伦理管理(Supplier Ethics Management,SEM)是供应

商管理的重要组成部分之一,针对的是企业与供应商关系中的第二类伦理问题,旨在通过对供应商实施策略、程序、监控等措施,从遵守法律法规、伦理与社会责任三个方面管理供应商,促使供应商的商业行为符合采购企业的标准,以达到管理供应商及供应关系与降低采购企业诚信损害风险的目的。供应商伦理管理的具体办法有:把伦理标准作为选择供应商的一个依据;跟踪记录重要供应商的伦理行为;指派伦理管理人员管理重要的供应商;定期对供应商伦理进行评估;根据重要性与伦理风险对供应商进行细分。

1.3 研究目标与思路、方法和主要内容

1.3.1 研究目标与思路

本书旨在研究在有限道德的制约下,供应商不符合伦理规范行为的类型与行为特质对供应商伦理管理的影响,只研究不同类型、不同特质的供应商不符合伦理规范的行为如何导致企业伦理判断偏差,进而导致供应商伦理管理的失效,而不具体探讨如何进行供应商伦理管理。所以本书用对供应商的责备程度与惩罚程度来衡量企业对供应商的伦理管理程度,而不具体深究供应商伦理管理的具体措施。

如果供应商的行为不符合伦理规范,企业会因此而受到牵连,甚至品牌受到损害,更糟糕的还要召回产品或直接破产。有可能遭遇这么严重的后果,企业为什么不事先进行供应商伦理管理呢?或者企业供应商伦理管理为何失效呢?这正是本书研究的出发点。

在探讨供应商伦理管理失效的原因时,公众媒体与学术界倾向于批评现代企业的高管与领导者,认为他们要么缺乏较强的伦理标准,要么因经济利益或竞争压力而放弃了伦理准则。本书则从另外的角度寻找企业供应商伦理管理失效的原因:由于决策者道德的有限性,即使显性道德水准很高的人也会因一系列内隐偏差而无意识地做出不符合伦理规范的事情,或无法发现他人的不

道德行为。在有限道德的制约下,企业决策者对供应商行为的伦理判断出现系统性的偏差,即在某些特定的情况下,企业不会或不愿察觉供应商的不符合伦理规范的行为,因而导致了供应商伦理管理的失效。

要对供应商进行有效的伦理管理,首先要对供应商的行为作出合理的伦理判断。准确的伦理判断是有效管理供应商伦理行为的前提。笔者认为供应商不符合伦理规范的行为影响企业对供应商的伦理管理,企业决策者对供应商行为的伦理判断是中介变量,对供应商不符合伦理规范行为与企业对供应商的伦理管理之间的关系起到中介作用,如图 1-1 所示。

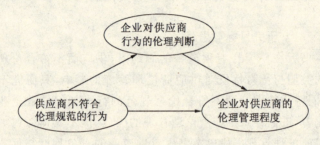

图 1-1 伦理判断的中介效应

供应商不符合伦理规范的行为影响企业对供应商的伦理判断,企业根据伦理判断的结论对供应商做出相应的管理。关于伦理判断的研究一直以理性模型为主。传统的理性主义模型认为,伦理判断是一系列理性推理的结果,而 Haidt 的社会直觉模型认为,很多时候人们的伦理判断更多的是一种直觉和情感的结果。Greene 的二元伦理判断模型则认为情感和认知在伦理判断中的作用是存在冲突和竞争的。

在现实中,决策者很少按照理性判断模型那样通过推理与深思熟虑后才进行伦理判断。面对不确定性的环境时,人类自身存在着许多约束,表现在时间、注意力、记忆力、信息搜集与加工等方面。在 Simon 提出有限理性的概念以后,判断与决策学者也对有限理性进行了扩充,Jolls,Sunstein 和 Thaler 提出了有限意志

(Bounded Willpower)与有限自利①(Bounded Self-interest)的概念。有限意志描述的是人们因为暂时的需要,过度关注眼前而忽略未来,从而使其决策偏离长远利益的现象。有限自利是指人们不仅仅追求自身利益最大化,还会把自身利益与他人利益相互比较,有时会牺牲自身利益去帮助或惩罚他人,也就是说人们不是完全自利的,会表现出涉他偏好。最近,Chugh 等又提出了有限道德与有限意识的概念,对有限理性进行了扩充。有限意识是指注意力的缺失,即人们在决策时往往不能注意到明显而且重要的可获得信息,在关注一些信息的同时,没有注意到另外一些重要信息,结果导致有用的信息没有得到关注,正确决策所需的信息与意识中的信息之间存在不一致。② 有限道德是指一种系统的、可预测的心理过程,它使得人们在无意识中实施与自己道德准则不符的不道德行为。③ 本书正是在有限道德的框架下研究企业对供应商的伦理管理,即有限道德的企业决策者对供应商行为的伦理判断的偏差如何导致供应商伦理管理的失效。

鉴于此,在回顾了相关文献的基础上,首先阐述了相关的理论基础,即有限道德的内涵、产生原因及有限道德对伦理判断的影响。在有限理性的研究框架下,决策者不是按照完全理性的思维模式进行伦理判断,而是因有限道德,在伦理判断时会表现出系统性的偏差,如图 1-2 所示。

---

① 有些学者把有限自利行为描述成涉他偏好。

② Bazerman M H, Chugh D. Bounded Awareness: Focusing Failures in Negotiation. In Thompson L (Ed.), *Frontiers of Social Psychology: Negotiation.* Psychological Press, 2005.

③ Chugh D, Bazerman M H, Banaji M R. Bounded Ethicality as a Psychological Barrier to Recognizing Conflicts of Interest. In Moore D A, Cain D M, Loewenstein G F & Bazerman M H(Eds.), *Conflicts of Interest: Problems and Solutions from Law, Medicine and Organizational Settings.* Cambridge University Press, 2005.

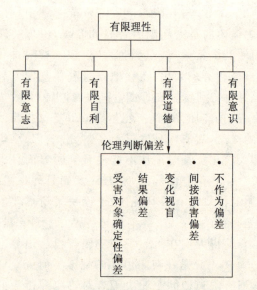

图 1-2　有限道德与伦理判断偏差

接下来,笔者把有限道德导致的伦理判断偏差运用到供应商伦理管理中,构建了基于有限道德的供应商伦理管理决策模型。由于决策者的有限道德,不仅供应商不符合伦理规范行为的类型会影响企业对供应商的伦理管理,而且供应商不符合伦理规范行为的特质(如不符合伦理规范行为的形成方式,不符合伦理规范行为结果的好坏,不符合伦理规范行为的受害对象是否确定等)也会影响企业对供应商的伦理管理,而企业对供应商的伦理判断在这一关系中起到中介作用。如图 1-3 所示。

由于有限道德,企业决策者在对供应商行为进行伦理判断时会出现偏差,进而导致企业对供应商的伦理管理失效。同样地,社会公众对企业行为的伦理判断也会出现偏差,如不作为偏差与间接损害偏差。此时,企业非但不会管理供应商的不符合伦理规范的行为,很可能还会利用社会公众对企业行为的判断偏差向供应商转嫁不符合伦理规范的行为,造成供应商伦理管理的失效。如图 1-4 所示。

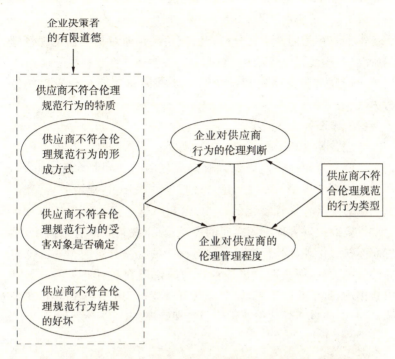

图 1-3　有限道德、企业决策者伦理判断偏差与供应商伦理管理

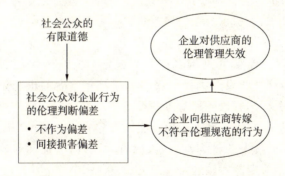

图 1-4　有限道德、社会公众伦理判断偏差与供应商伦理管理

　　在构建了理论模型以后,本书将设计五个实验来分别验证由于有限道德而产生的伦理判断偏差,并分析这些偏差对供应商伦理管理决策行为的影响。

1.3.2 研究的主要方法

本书将行为经济学的分析方法应用到企业对供应商伦理管理的研究中,构建了基于有限道德的供应商伦理管理模型。本书采用理论研究与实证研究相结合的办法探讨供应商伦理管理决策行为。

（1）理论研究

在理论研究中,通常用认知心理学关于人的判断与决策的分析方法研究企业在供应商伦理管理过程的伦理判断与管理问题。在理论模型的构建与假设的建立过程中,本书通过理论分析,理清了供应商不符合伦理规范的行为、企业对供应商的伦理判断及企业对供应商伦理管理三者之间的关系:由于决策者的有限道德,供应商不符合伦理规范行为的类型与行为的特质会影响企业对供应商的伦理管理,而企业对供应商行为的伦理判断对这一关系起到中介作用;由于有限道德,社会公众对企业行为的伦理判断存在偏差,这种偏差也会导致企业供应商伦理管理失效。

（2）实证研究

在实证研究中,本书借鉴实验经济学中关于个体决策的实验研究,将经济学与认知心理学相结合,设计实验验证企业对供应商伦理判断中的一些系统性的偏差。

① 实验经济学

传统经济学研究是构筑在自利偏好与完全理性的假设之上的。然而,这些假设受到越来越多的挑战。学者们也开始用实验的方法来验证和修改各种基本的经济学假设。实验经济学也随之产生并发展。实验经济学是指让实验对象在设计好的可控环境下行动,借以分析人的行为,总结人的行为模式,验证和修改经济学的各种基本假定。实验经济学真正开始于 20 世纪 50 年代,到 20 世纪 80 年代,实验经济学及其研究方法已被国际经济学界广为接受和采用。2002 年诺贝尔经济学奖授予实验经济学的开创者 Smith 与 Kahneman,标志着实验经济学已经发展成熟。实验经济学的发展可分为两个阶段:第一阶段从 20 世纪 30 年代到 50 年代,第二阶段从 20 世纪 60 年代到现在。

实验经济学主要涉足的领域有个体决策实验、博弈实验和市场实验。在个人经济决策领域,实验经济学侧重于检验风险决策假设。现实中的决策过程并不完全符合期望效用理论和主观期望效用理论。"阿莱悖论"就是一个经典的个体决策实验。在个体决策领域,经济学家和心理学家的研究是相互渗透的,Kahneman 与 Tversky 关于决策与选择偏差的研究就属于这一领域。

在博弈领域,实验经济学家将博弈规则转换为环境和制度,通过观测实验被试的行为来检验博弈理论均衡预期的正确性。传统的博弈论将参与人看做是内省的、有超强计算能力的人,得出各种纳什均衡的结果。以 Thaler,Camerer 与 Fehr 等为代表的行为博弈则从三个方面对传统博弈提出了挑战,即参与者的策略选择受到道德责任与报复心理影响,表现出有限理性和可以通过经验学习来优化策略选择。经典的行为博弈实验可以参见最后通牒、选美比赛与大陆分水岭等实验。

Smith 是市场机制领域的主要代表人物。市场机制是"看不见的手",通过一般均衡的实现达到资源的帕累托最优配置。但模拟的计算结果表明,一般均衡的实现要很长时间(50~100 年)。为了改进市场机制,实验经济学家研究各种价格机制向均衡收敛的速度。Smith 进行的"口头双向拍卖市场实验"表明,"双向叫价市场"的收敛速度最快。股票交易市场是最接近双向叫价市场的,也是公认市场效率最高的市场机制。Smith 证明了选择性市场机制的重要性,在实验室进行了新的选择性市场设计。

近年来,实验经济学的研究方法已有很大改进。现代计算机信息系统及其控制技术的广泛使用,使实验过程向信息化、智能化和系统化发展,实验数据的处理能力大大增强,实验经济学的研究范围也不断扩大。许多有影响的大型实验都有专门设计的计算机程序,复杂的行为过程包括经济参与人之间的博弈行为都可以通过计算机系统进行模拟。

② 个体决策与认知心理学相结合的实验研究

本书研究在有限道德的制约下，企业决策者的伦理判断偏差如何影响企业对供应商的伦理管理决策。伦理判断与伦理管理决策行为既是一种决策也是认知过程，故而本研究的实验是把个体决策与认知心理学相结合的实验。

心理学实验操作看似简单，实验的设计却非常复杂。研究者需要决定研究的目的、实验的理论假设、具体的操作性假设、实验的方法、自变量的选择和控制、因变量的选择和控制、控制变量的消除或均衡、研究的对象和范围、抽样的方法、实验数据的处理、统计方法的选择、实验结果的解释、各种误差的控制以及其他一些无法预料的情况的处理等等。心理学实验的主持者称为主试，而实验对象则称为被试。自变量是主试选择、控制的变量，决定行为或心理的变化。因变量是被试的反应变量，是自变量造成的结果，是主试观察或测量的行为变量。

2002 年诺贝尔经济学奖获得者 Daniel Kahneman 则是通过将认知心理学的研究融进经济理论的分析，并借助于心理学和各种实验研究了对人们在不确定情形中判断和决策的系统性偏差。本书研究的是在有限道德的制约下，企业决策者对供应商行为的伦理判断偏差，以及由此导致的供应商伦理管理失效，因此本研究也采用这种研究范式，设计模拟场景控制要研究的变量，以此验证本书的假设。

根据本书构建的理论模型及假设，本实验的自变量有两个，一是行为的特质，二是行为的类型。因变量也有两个，一是伦理判断，二是伦理管理程度，其中伦理管理程度用责备程度与惩罚程度来衡量。本研究共有五个实验，每个实验分别验证伦理判断中的某一种偏差。实验均采用双因素混合设计，行为特质为被试内因素，被试被随机分成两组，每组被试只对行为特质中的一种作反应，因此不会相互影响。行为类型为被试内因素，每个实验均设计了三种不符合伦理规范行为的模拟场景，每个被试都对三种行为类型做出判断，可以消除被试的个别差异对实验的影响。

除了自变量外,其他的因素也可能影响因变量的变化。试验中,不可能消除这些因素,因此本研究保持这些因素恒定。试验中,不同组被试阅读的模拟场景除了行为特质不同外,其他表述均相同,同组内被试阅读的模拟场景行为特质相同,而行为的类型不同。由于在实验前很难找出所有可能对实验结果产生影响的因素,因此,为了防止一些没有考虑到的因素干扰实验,误导结论,被试被随机分进各个实验条件,使各种干扰因素出现在各个实验条件下的几率相同。

具体地说,在本书的实证部分,根据理论模型与假设,本书采用双因素混合设计的实验研究供应商不符合伦理规范行为的特质(包括不符合伦理规范行为的形成方式,不符合伦理规范行为结果的好坏,不符合伦理规范行为的受害对象是否确定)以及供应商不符合规范行为的类型(包括人权、环境与安全)对企业对供应商伦理判断及伦理管理的影响。两因素分别为"供应商不符合伦理规范行为的特质"与"供应商不符合伦理规范行为的类型",前者为被试间因素,后者为被试内因素。

对于社会公众的伦理判断偏差,本书设计了两个实验来验证。同样采用双因素混合设计,"是否作为"与"是否直接损害"为被试间因素,"不符合伦理规范行为类型"为被试内因素。

③ 实验结果的数据处理方法

针对实验得到的数据,本书采用 SPSS 统计软件作为主要分析工具,通过方差分析,研究"供应商不符合伦理规范行为的特质"与"供应商不符合伦理规范行为的类型"对供应商伦理管理的主效应,以及二者的交互作用。

对于企业对供应商行为的伦理判断的中介效应的验证,本书根据中介效应检验程序对实验所得的数据采用多个回归方程进行回归分析,得出多个回归系数,求出中介效应的大小。实验结果的分析方法详见附录 2。

1.3.3 主要内容

本书主要基于有限道德的理论研究供应商不符合伦理规范行

为类型及特质对企业供应商伦理管理程度的影响，以及伦理判断对这一关系的中介作用。由于有限道德，即使显性道德水准很高的决策者也会在对供应商伦理行为的判断中产生系统性的偏差，进而导致了供应商伦理管理的失效。同样，社会公众在判断企业行为是否符合伦理规范时，也会因有限道德产生偏差。此时，企业就会放任供应商从事不符合伦理规范的行为，甚至主动向供应商转嫁不符合伦理规范的行为。基于此，本书构建了有限道德、伦理判断偏差与供应商伦理管理决策行为的理论模型。并用实验的方法对本书构建的理论模型中的具体假设进行了验证。基于上述研究思路，本书主要内容安排如下。

第一章为导论。在第一章中，首先提出了研究的问题，并阐述了本研究的现实和理论意义。接下来，根据研究对象，对伦理决策、有限道德、不符合商业伦理规范的行为、供应商伦理管理等相关概念进行了界定。然后说明了研究思路、研究方法和主要内容。最后，介绍了本书的主要结论和可能的创新。

第二章为文献回顾。在第二章中，对伦理决策理论、企业社会责任理论、企业与供应商关系中伦理问题的研究以及道德判断模型等与供应商伦理管理相关的文献进行了简要评述，找出了被研究者忽视的导致供应商伦理管理失效的因素。

第三章为理论基础。在第三章中，对本研究的理论基础，即有限道德理论进行了探讨，阐述了有限道德的内涵，分析了有限道德产生原因，并着重描述了有限道德导致的系统性的伦理判断偏差。至此，有限道德的研究为本研究的理论框架的构建和研究假设的提出奠定了基础。

第四章为模型构建。在第四章中，首先探讨了供应商不符合伦理规范行为的类型与特质，然后构建了基于有限道德的供应商伦理管理的一般模型，接着对供应商不符合伦理规范行为的类型与企业供应商伦理管理之间的关系进行探索性研究，再接着研究在有限道德的制约下，供应商不符合伦理规范行为的特质与企业供应商伦理管理之间的关系，并在模型中引入企业对供应商行为的伦理判断,作为供应商不符合伦理规范行为的特质与企业对供应商伦理管理两者关系的中介变量。具体包括:滑坡效应与供应商伦理管理,结果偏差与供应商伦理管理,受害对象确定性偏差与供应商伦理管理。此外,该章还分析了基于有限道德的社会公众的伦理判断偏差对企业供应商伦理管理的影响,具体包括:间接损害与企业不符合伦理规范行为的转嫁,不作为偏差与企业不符合伦理规范行为的转嫁。

第五章为实验研究。在第五章中,根据第四章构建的理论模型与提出的假设,设计了三个实验对供应商不符合伦理规范行为特质(不符合伦理规范行为的形成方式、不符合伦理规范行为结果的好坏、不符合伦理规范行为的受害对象是否确定)与企业对供应商伦理判断及伦理管理程度之间的关系进行验证。在实验中,把供应商不符合伦理规范行为的特质与类型结合起来,采用双因素混合设计研究两者对供应商伦理管理的影响,行为的特质为被试间因素,行为的类型则为被试内因素;根据实验得到的数据,采用SPSS统计软件作为主要分析工具,通过方差分析,研究"供应商不符合伦理规范行为的特质"与"供应商不符合伦理规范行为的类型"对供应商伦理判断及伦理管理的主效应,以及二者的交互作用;对于企业对供应商行为的伦理判断的中介效应的验证,根据中介效应检验程序对实验所得的数据采用多个回归方程进行回归分析,得出多个回归系数,求出中介效应的大小;本章还设计了两个实验来验证社会公众对企业行为的伦理判断偏差(不作为偏差与间接损害偏差)对企业供应商伦理管理的影响。

第六章为结论与启示。第六章对前面各章的研究进行了总结,并根据实证研究的结果,得出研究结论。在实证结果的基础上,提出有效管理供应商伦理行为的建议。最后是本书的研究贡献、研究局限和对未来研究的建议。

本书具体的研究框架如图 1-5 所示。

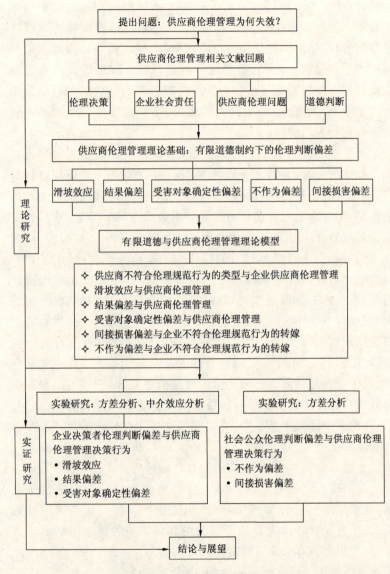

图 1-5　本书的研究框架

1.4 结论和可能的创新之处

本书在总结和回顾供应商伦理管理相关文献的基础上,利用理论分析和实证分析相结合的研究方法对供应商伦理管理失效的原因做了研究。由于企业决策者的有限道德,供应商不符合伦理规范行为的特质与类型会影响企业对供应商的伦理管理。本书的理论分析结论、实证研究结果及本书可能的创新如下。

1.4.1 研究结论

(1)供应商不符合伦理规范行为的类型影响企业对供应商的伦理管理

不同类型的不符合伦理规范行为的道德强度不同,受到人们关注的程度也就不同。在供应商伦理管理中,供应商不符合伦理规范的行为有很多种,不同类型的不符合伦理规范行为的结果严重度、社会共识、结果发生的可能性、时间急迫性、接近性及结果集中度不同,企业决策者对不同类型的供应商不符合伦理规范行为的伦理判断就会存在差异,对不同类型的供应商不符合伦理规范行为的管理程度也会不同。

(2)供应商不符合伦理规范行为的特质影响企业对供应商的伦理管理

在有限道德的制约下,供应商不符合伦理规范行为的特质会影响企业对供应商行为的伦理判断及企业对供应商的伦理管理程度。

第一,供应商不符合伦理规范行为的形成方式影响企业的伦理判断,进而影响企业对供应商的伦理管理。如果供应商不符合伦理规范行为是由符合伦理规范的行为"渐变"而成,那么企业决策者认为其不符合伦理规范的程度较轻,对供应商责备与惩罚的程度也较轻。相反,如果供应商不符合伦理规范的行为是"突变"而成,那么企业决策者认为其不符合伦理规范的程度较重,对供应商责备与惩罚的程度也较重。

第二,供应商不符合伦理规范行为的结果好坏影响企业的伦理判断,进而影响企业对供应商的伦理管理。如果供应商不符合伦理规范行为导致"好结果",那么企业决策者认为其不符合伦理规范的程度较轻,对供应商责备与惩罚的程度也较轻。相反,如果供应商不符合伦理规范的行为导致"坏结果",那么企业决策者认为其不符合伦理规范的程度较重,对供应商责备与惩罚的程度也较重。

第三,供应商不符合伦理规范行为的受害对象是否确定影响企业的伦理判断,进而影响企业对供应商的伦理管理。如果供应商不符合伦理规范行为的受害对象"不确定",那么企业决策者认为其不符合伦理规范的程度较轻,对供应商责备与惩罚的程度也较轻。相反,如果供应商不符合伦理规范行为的受害对象"确定",那么企业决策者认为其不符合伦理规范的程度较重,对供应商责备与惩罚的程度也较重。

(3)企业对供应商行为的伦理判断对供应商不符合伦理规范行为的特质与供应商伦理管理的关系具有中介作用

供应商不符合伦理规范行为的特质影响企业对供应商的伦理判断及伦理管理。企业对供应商行为的伦理判断对供应商不符合伦理规范行为的特质与企业对供应商的伦理管理之间的关系具有中介作用。具体包括:

第一,企业对供应商行为的伦理判断对供应商不符合伦理规范行为的形成方式与企业对供应商伦理管理之间的关系具有中介作用。

第二,企业对供应商行为的伦理判断对供应商不符合伦理规范行为的结果好坏与企业对供应商伦理管理之间的关系具有中介作用。

第三,企业对供应商行为的伦理判断对供应商不符合伦理规范行为的受害对象是否确定与企业对供应商伦理管理之间的关系具有中介作用。

（4）社会公众对企业行为的伦理判断偏差影响企业对供应商的伦理管理

不仅企业决策者对供应商行为的伦理判断会产生系统性的偏差，社会公众对企业行为的伦理判断也会产生间接损害偏差与不作为偏差，这些偏差同样影响企业对供应商的伦理管理。与直接损害相比，供应商实施的间接损害不易招致社会公众的批评。同样，与企业作为导致的损害相比，没有阻止供应商而产生的不作为损害也不易受到攻击。因此，企业会故意无视供应商的不符合伦理规范的行为，或故意向供应商转嫁不道德行为，即借供应商之手实施不符合伦理规范的行为。

1.4.2　研究的创新

本书在总结和回顾了企业伦理决策及供应商伦理管理等相关文献的基础上，利用行为经济学的分析方法，构建了基于有限道德的供应商伦理管理模型，对供应商伦理管理失效问题做出了新的探索。本研究的创新之处主要体现在以下几个方面：

（1）对不同的供应商不符合伦理规范行为的重要性进行了排序

由于伦理管理涉及主观价值判断，在不同的文化背景和不同的经济发展水平下，不同类型的供应商伦理问题受到的关注程度不同。在企业决策者对供应商不符合伦理规范的行为进行伦理管理时，这些不符合伦理规范的行为涉及很多方面，如员工人权、环境问题、慈善活动、多样化问题以及安全问题等。不同类型的供应商伦理问题，其道德强度不同，自然引起企业关注与管理的程度就会不同。

本研究采用层次分析法，根据伦理问题本身的道德强度对人权、环境、安全、慈善与多样化的重要性进行了排序，结果表明企业对导致损害的供应商不符合伦理规范行为（安全、环境与人权）的重视程度要大于带来收益的行为（慈善与多样化），具体的权重排序为：安全＞环境＞人权＞慈善＞多样性。

（2）研究了供应商伦理管理失效的"隐性"原因

在找寻供应商伦理管理失效的原因时，公众媒体与学术界倾向于批评现代企业的高管与领导者，认为他们要么缺乏较强的伦理标准，要么因经济利益或竞争压力而放弃了伦理准则。

本书则从另外的角度寻找企业供应商伦理管理失效的原因：由于决策者道德的有限性，即使显性道德水准很高的人也会因一系列内隐偏差而无意识地做出不符合伦理规范的事情，或者无法发现他人的不道德行为。在有限道德的制约下，企业没能或不愿察觉供应商的不符合伦理规范的行为，因而导致了供应商伦理管理的失效。企业没有及时发现并阻止供应商不符合伦理规范的行为，造成供应商伦理管理失效的原因，不一定是企业决策者道德水平的低下或受利益及竞争压力的驱使，也不一定是企业自身的组织环境或所处的社会大环境而对供应商伦理问题不够重视。很可能是这样一种情形：企业决策者显性的道德水准很高，企业组织环境与外部环境也都支持供应商伦理管理，但是由于企业决策者的有限道德，导致企业对供应商行为的伦理判断产生偏差，进而导致了企业对供应商伦理管理的结果偏离了企业显性的伦理准则。

（3）实验研究证实了伦理判断中存在系统性偏差

本研究设计了五个实验，验证了伦理判断中的五种偏差：滑坡效应、结果偏差、确定效应、间接损害偏差及不作为偏差。第一，供应商不符合伦理规范行为的形成方式对企业对供应商的伦理判断及企业对供应商的伦理管理程度具有显著的影响，企业认为"突变"行为的不符合伦理规范程度高于"渐变"行为，对"突变"行为的管理程度也高于"渐变"的行为；第二，供应商不符合伦理规范行为结果的好坏对企业对供应商的伦理判断及企业对供应商的伦理管理程度具有显著的影响，企业认为导致"坏结果"行为的不符合伦理规范程度高于产生"好结果"的行为，对导致"坏结果"行为的管理程度也高于产生"好结果"的行为；第三，供应商不符合伦理规范行为的受害对象是否确定对企业对供应商的伦理判断及企业对供应商的伦理管理程度具有显著的影响，企业认为"受害对象确定"

不符合伦理规范行为的程度高于"受害对象不确定"的行为,对"受害对象确定"行为的管理程度也高于"受害对象不确定"的行为;第四,社会公众认为导致"直接损害"的行为比导致"间接损害"的行为更不符合伦理规范;第五,社会公众认为"作为"导致损害比"不作为"导致损害的不符合伦理规范的程度高。

2 有限道德、伦理判断与供应商伦理管理决策行为的研究现状

2.1 决策与伦理决策理论

不确定性环境下的伦理决策需要解决两个主要问题:一是认知问题,即需要对各种可能结果及其出现的概率做出客观的判断;二是伦理问题,即需要对各种结果的好坏做出主观权衡。在实际决策过程中,认知问题与伦理问题往往同时存在,决策的结果既受到决策主体客观认知能力的影响,又受到其主观伦理判断能力的影响。

2.1.1 古典决策理论

企业所面对的不确定性的环境是影响企业决策效果的重要因素。关于环境的不确定性,管理学者们主要从状态、效果及反应三个维度进行探讨。[①] 状态不确定性(State Uncertainty)是指对于环境的可能变动的结果以及影响环境变动的因素间的关系缺乏了解;效果不确定性(Effect Uncertainty)是指不能预测环境的未来状态或环境改变对组织影响的性质;反应不确定性(Response Uncertainty)是指对环境的变动无法提出可能的应对方案,或无法预测反应行为的可能结果。

管理学者一般认为,企业的决策有四种类型:第一,确定性决策,行动的结果唯一且明确。第二,风险决策,决策者知道行动的所有可能的结果,也知道每种结果出现的概率。第三,不确定性决

---

① Milliken F J. Three Types of Perceived Uncertainty About Environment: State, Effect, and Response Uncertainty. *Academy of Management Review*, 1987(12): 133—143.

策,决策者知道行动的所有可能结果,但不知道每种结果出现的概率。第四,模糊性决策,决策者对行动的可能结果缺乏了解。

当面对不确定性的环境时,管理者的决策行为到底是什么样的?古典决策理论假定人的信念是固定的、偏好是稳定的、决策过程是理性运思的过程。其中最著名的是由约翰·冯·诺伊曼和奥斯卡·摩根斯坦提出的标准化决策理论——期望效用理论。期望效用理论假定决策者对每一备选方案的结果及其概率拥有完全的信息,能够充分理解这些信息,并能够对各种结果做出比较,选择能使自身效用最大化的方案。

2.1.2 行为决策理论

在现实中,由于内在和外在的约束条件的存在,决策者很少按照期望效用理论进行决策。期望效用理论虽然是一个完美的标准化的决策模型,但不能描述实际的判断与决策过程。面对不确定性的环境时,人类自身存在着许多约束,表现在时间、注意力、记忆力、信息搜集与加工等方面。Simon 首先提出有限理性,Kahneman 和 Tversky 则创造了启发式与偏差(Heuristics and Bias)的研究方式,他们分别从理论及经验两个层面对完全理性提出了质疑。

Simon 首先对完全理性的研究范式提出质疑。Simon 放松了完全理性的假设,他认为:第一,可供选择的行动方案在决策时并不是事先存在的,是通过决策者搜寻得到的,而搜寻行动方案是个费时费力的过程,可供选择的行动方案事先不能提前确定,搜寻的成本也就很难事先估算,成本—收益分析在搜寻行动方案的过程中不适用,所以搜寻过程不是完全理性的,而是一个直觉性的过程。第二,各行动方案产生的各种结果的概率分布是未知的,因而决策者要在未知概率的情况下应对各种不确定事件。第三,人们在做决策时,追求的是"满意"而非最优。"满意"是指选择一个最能满足个体需要的行动方案,即使这一方案不是最理想或最优化的。这三个假设的结合被 Simon 称为有限理性(Bounded Rationality)。他认为,决策者自身认知能力有限与任务环境结构的约束,使得决策只能达到满意而不能达到最优。

心理学学者 Kahneman 和 Tversky 则通过行为实验的结果证明人的决策往往偏离标准的决策理论。他们认为决策中的判断与决策均偏离完全理性。Kahneman 和 Tversky(1982)指出偏离理性判断的情形有很多种,他们通过一系列的实验识别出了各种直觉与偏差,如代表性直觉(Representativeness Heuristic)、易得性直觉(Availability Heuristic)、情绪直觉(Affect Heuristic)、原型(Prototype Heuristic)、锚定(Anchoring)与调整、过度自信(Overconfidence)、过度乐观(Overoptimistic)等。其研究范式被称为"启发式与偏差"方式。这种研究方式是通过设计实验来研究那些偏离完全理性的行为,总结出系统性的直觉与偏差以预测和解释判断中偏离理性的行为。Kahneman 和 Tversky 提出了前景理论(Prospect Theory)来阐述决策的有限性,他们认为,大多数人在面临获得的时候是风险规避的;大多数人在面临损失的时候是风险偏爱的;人们对损失比对获得更敏感。

近年来,判断与决策学者又对有限理性进行了扩充。Jolls,Sunstein 和 Thaler 提出了有限意志(Bounded Willpower)与有限自利①(Bounded Self-interest)的概念。有限意志描述的是人们因为暂时的需要过度关注眼前而忽略未来,从而使其决策偏离长远利益的现象。在现实生活中,人们即使知道了什么是最好的,但因为自制力的原因也不会采用它。人们并不存在无限意志力,而是会自我控制。人们倾向于给予目前关心的问题更大的权重,给予未来关心的问题更小的权重,结果就导致短期的动机与长期的利益不一致。神经系统科学也支持这一观点:短期利益与长期利益对大脑的刺激不同。② 有限自利是指人们不仅仅追求自身利益最大化,而是还会把自身利益与他人利益相互比较,甚至有时会牺牲

---

① 有些学者把有限利己行为描述成涉他偏好。

② McClure S M, Laibson D I, Loewenstein G, Cohen J D. Separate Neural Systems Value Immediate and Delayed Monetary Rewards. *Science*, 2004(306):503—507.

自身利益去帮助或惩罚他人,也就是说人们不是完全自利的,表现出涉他偏好。在某些场合,人们关心、或者其行动看上去在关心他人的利益,即在比较广泛的领域内,人们的自利性表现得比传统经济学所假设的要小。

最近,Chugh 等又提出了有限道德与有限意识的概念,对有限理性进行了补充和扩展。传统观点认为道德受到挑战的原因是人们在正确行为和自利行为之间选择了后者。但事实上,许多不道德的事是当事人在无意识中做出的。认知偏差可以导致品行端正的人无意识地(违背自己奉行的道德准则)做出不道德的事情。有限道德(Bounded Ethicality)是指一种系统和可预测的心理过程,它使得人们在无意识中实施与自己道德准则不符的不道德行为,即道德过滤(Ethical Cleansing)。① Bazerman 和 Chugh 认为人们具有有限意识(Bounded Awareness),使他们无法注意或集中于观察到的有关数据上。有限意识指注意力的缺失,即人们在决策时往往不能注意到明显而且重要的已获得信息,在关注一些信息的同时,没有注意到另外一些重要信息。结果是有用的信息没有得到关注,正确决策所需的信息与意识中的信息之间存在不一致。当人们没有注意可预测、易得到的知觉到的重要信息,而关注其他同样易得和知觉到的信息时,就出现了有限意识。

Chugh,Milkman 和 Bazerman 认为决策的有限性来自三个方面,如表 2-1 所示。

---

① Chugh D, Bazerman M H, Banaji M R. Bounded Ethicality as a Psychological Barrier to Recognizing Conflicts of Interest. In Moore D A, Cain D M, Loewenstein G F & Bazerman M H(Eds.), *Conflicts of Interest: Problems and Solutions from Law, Medicine and Organizational Settings*, Cambridge University Press, 2005.

表 2-1　决策有限性的分类

信息处理的有限性	最优权重的有限性	关注信息的有限性
有限理性	有限意志 有限自利	有限道德 有限意识

资料来源：Chugh，Milkman，Bazerman. *Bounded Decision Making*：*From Description to Improvement*，2008.

　　面对不确定性环境时，决策行为中既有理性也有非理性的行为。Weber 认为，在面对不确定性的环境时，个人处理不确定性因素的能力会因个人收集及处理信息的能力，对行动结果的预测能力，运用直觉的能力，对环境感受的差异等四项因素而有所不同。[①] Wright 设计了不确定观点评估问题（View of Uncertainty Questionaire，VUQ）和概率评估问卷（Probability Assessment Questionaire，PAQ）来测量个人不确定性因素处理能力。Rowe 及 Boulgarides 则从决策风格（Decision Style）的角度来研究个体决策行为，认为决策风格取决于个人的价值观与认知能力，将决策风格分为指导型（Directive）、分析型（Analytic）、概念型（Conceptual）及行为型（Behavioral）等四种。

2.1.3　伦理决策理论

　　企业在决策时，不仅会面对不确定性环境，还会涉及伦理问题。对于伦理问题的界定，不同的学者有不同的看法。有学者认为，当决策行为不仅影响自己还会对他人的福利产生重大影响时，就会涉及伦理问题。有些学者则把影响范围扩大到动物及环境。过去的几十年中，伦理决策一直备受学术界的关注，其研究大都围绕着影响伦理决策的因素及伦理决策的过程。

　　伦理或非伦理行为的决定因素一直是学术界争论的焦点。"烂苹果"派认为个体本身的特征决定伦理决策行为，而"染缸"派则认为组织及社会环境决定着行为的伦理性。

---

　　① Webber M. Decision Making with Incomplete Information. *European Journal of Operational Research*，1987，28（1）：44—57.

　　影响伦理决策行为的个体特征包括道德认知发展水平、经济、政治及信仰的价值取向、自我强度、伦理哲学观、性别、人格控制类型、马基亚维利主义、国籍及性角色取向。

　　影响伦理决策行为的组织与环境因素包括竞争、经济环境、管理因素、组织哲学与政策、同事影响、工作经验的质量、相关的其他人、补救费用、行动者之间的关系、对后果的责任、资源的稀缺性、利益相关者。概括起来，这些因素可以用图 2-1 来表示。

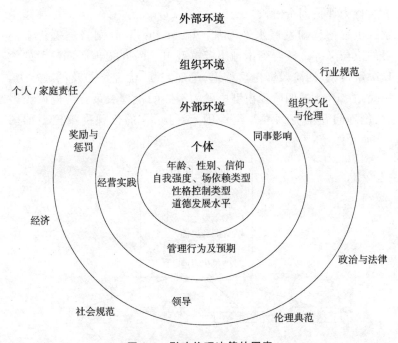

图 2-1　影响伦理决策的因素

资料来源：McDevitt R，Catherine Giapponi，Cheryl Tromley. A Model of Ethical Decision Making：The Integration of Process and Content. *Journal of Business Ethics*，2006.

　　Ferrell 和 Gresham 等认为单纯从个体或单纯从组织与环境的角度来解释伦理决策行为都是不完整的，应该将两者结合起来。Treviño 建立了个人与组织互动的伦理决策模型，认为个体与组织因素会共同作用于个体的伦理决策。Jones 认为伦理问题本身也会影响伦理决策行为，提出了"道德强度"（Moral Intensity）的概念，用来反映道德压力或紧迫性，并用结果严重度、社会共识、结果发生可能性、时间急迫性、接近性及结果集中度等六个维度来测量道德强度。

关于伦理决策的过程，学者们设计了多种模型。Ferrell 和 Gresham 认为伦理决策过程包括伦理困境意识、做出决策、实施行为及行为评估四个阶段。Treviño 在 Ferrell 和 Gresham 的模型中融入了道德认知发展水平因素。Hunt 和 Vitell 则将道德哲学的目的论与义务论整合到伦理决策模型中。Rest 提出了四阶段的伦理决策模型，四阶段即伦理意识、伦理判断、伦理意图及伦理行为。Jones 在 Rest 的四阶段模型中融入了影响伦理决策行为的两类因素：伦理问题本身因素与组织因素。Jones 的伦理决策模型如图2-2所示。

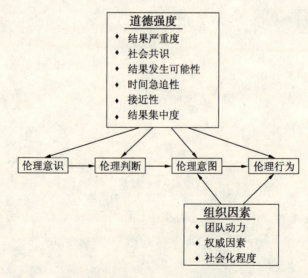

图 2-2 Jones 的伦理决策模型

Groves，Kevin，Charles Vance 和 Yongsun Paik 提出了伦理决策的思维方式模型，如图 2-3 所示。

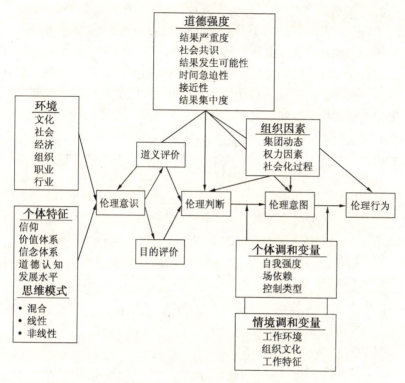

图 2-3　Groves 等的伦理决策的思维方式模型

　　Groves，Kevin，Charles Vance 和 Yongsun Paik 的模型比较完整，基本融入了目前所有影响伦理决策四阶段的因素。他们在原有的研究中加入了思维模式这一新的因素，主要探讨了管理的思维方式(线性思维方式、非线性思维方式和混合思维方式)与伦理决策之间的关系。

　　2.1.4　揭发组织内部不符合伦理规范的行为——自爆家丑

　　自爆家丑(Whistle-blowing)研究了人们什么时候会揭发他人的不道德行为。自爆家丑指一个组织或机构的成员向社会披露自己组织或机构里出现的错误行为和其他不符合伦理规范的行为——如虐待员工，剥削或伤害客户，隐瞒过失，贪污腐败等。譬如说，某公司雇员自爆公司内的丑闻。换言之，自爆家丑就是一个员工突然站出来,面对社会控诉自己所属的组织。如 Worldcom 的 Cynthia Cooper,FBI 的 Coleen Rowley,Enron 的 Sherron Watkins,都自爆了自家的丑闻。

自爆家丑的研究旨在解释组织的成员对于不符合伦理规范的行为会做出什么反应。该研究指出个人因素、组织因素以及情境因素会影响揭发丑闻的决定,如表 2-2 所示。

表 2-2　影响自爆家丑行为的因素

影响因素		文献出处
个人因素	信仰与理想	Miceli 和 Near,1992;Sims 和 Keenan,1998
	道德标准与判断	Miceli 等,1991
	权力与正义	Near,Dworkin 和 Miceli,1993
	人格控制类型	Miceli 和 Near,1992
组织因素	组织支持	Near 和 Miceli,1995
	组织欢迎投诉	Miceli 和 Near,1988
情境因素	不道德事件模棱两可	Greenberger,Miceli 和 Cohen,1987
	成员必须相互支持	Greenberger,Miceli 和 Cohen,1987

资料来源:根据相关资料整理。

关于自爆家丑的研究都以知道不符合伦理规范的行为为前提,不管这个人有没有站出来揭发这种丑行,都认为他已经察觉到了行为的不道德性。大多数关于伦理决策的研究致力于那些故意的、有意识的不道德行为。如果已经察觉到了他人的不道德行为,却不站出来揭发,那么这个旁观者也被认为是不道德的。

2.2　企业社会责任

2.2.1　企业社会责任的内涵

企业社会责任一直是众多学者研究的重点。在 20 世纪 50 年代,Bowen 首先提出了企业社会责任的概念;从 50 年代到 60 年代,大多数的研究关注的都是商人的社会责任;在 70 年代,研究的主题转向对社会负责任行为的特征;①在 80 年代,利益相关者理论、企业伦理、公司社会绩效在企业社会责任的研究中占主导;②在 90 年代,一些经验性的研究关注企业社会责任与财务绩效的关系。现在,企业社会责任不仅是学术研究的主题,也是公司不容忽视的问题。目前,关于企业社会责任的研究主要围绕两个基本问题:一是企业承担社会责任是为了达到企业与社会的双赢还是仅仅是企业应该做的;二是企业到底应该承担多大程度的社会责任。③ 实际上,企业承担社会责任既是企业应该做的,也能在满足社会利益的同时为公司带来长期的效益。企业承担社会责任不仅有益于社会而且有益于企业自身。社会责任行为甚至能确保企业避免困境或令人尴尬的详细审查。而社会责任行为带给企业的“软财富”,如尊严、成功、自尊及荣誉等,才是企业承担社会责任的基础。另外,企业社会责任的范围也已经扩展到供应链中的各个合作企业。

有关企业社会责任研究主要涉及三个概念:企业社会责任(Corporate Social Responsibility,CSR[1])、公司社会业绩(Corporate Social Performance, CSP)或公司社会反应(Corporate Social Responsibility,CSR[2]),虽然名称不同,但大致上都研究的是同一个问题。企业社会责任强调公司的义务与责任,公司社会反应强调公司的行为与活动,而公司的社会业绩则强调公司的产出与结果。

关于企业社会责任的内涵,一些国际机构和学者提出了多种看法。世界可持续发展工商理事会(WBCSD)认为,企业社会责任的主要内容应该涉及人权、员工权益、环保、社区参与、供应商关

---

① Carroll A B. A Three Dimensional Conceptual Model of Corporate Social Performance. *Academy of Management Review*, 1979(4): 497—505.

② Freeman R E. *Strategic Management: A Stakeholder Approach*. Harper Collins, 1984.

③ Sarah Roberts. Supply Chain Specific? Understanding the Patchy Success of Ethical Sourcing Initiatives. *Journal of Business Ethics*, 2003(44):159—170.

系、利害关系人的权益这几个方面,实务上大致分为五大类,即人力资源、环境影响、社区、采购及顾客服务;国际社会责任组织(SAI)制定的社会责任标准(SA8000)涉及童工、强迫性劳动、健康与安全、结社自由和集体谈判权、歧视、惩戒性措施、劳动时间、工资、管理体系等;2002 年,联合国推出的《联合国全球协约》(UN Global Compact)共有 9 条原则,涉及人权(2 条)、劳工标准(4 条)及环境(3 条)。

Caroll 则对企业社会责任进行了细化,认为"企业社会责任包括社会于一个时间点上对组织在经济、法律、伦理和自愿方面的期望"。他明确指出企业社会责任可以包括以下四大部分:经济责任、法律责任、伦理责任和慈善责任。Caroll 给经济责任、法律责任、伦理责任和慈善责任分别赋予的权重为 4,3,2,1。这一权数关系后来被称为卡罗尔结构(Caroll's Construct)。在卡罗尔结构里,企业社会责任具有明确的内容。Caroll 还提出了企业社会责任的金字塔结构,如图 2-4 所示。

图 2-4 Caroll 的企业社会责任的金字塔结构

2003年,全球CEO聚首的世界经济论坛认为,企业社会责任包括四个方面:一是好的公司治理和道德价值,主要包括遵守法律、现存规则以及国际标准,防范腐败贿赂,还包括道德行为准则问题,以及商业原则问题;二是对人的责任,主要包括员工安全计划,就业机会均等,反对歧视,薪酬公平等;三是对环境的责任,主要包括维护环境质量,使用清洁能源,共同应对气候变化和保护生物多样性等;四是社会发展的广义贡献,主要指广义的对社会和经济福利的贡献,比如传播国际标准、向贫困社区提供要素产品和服务,如水、能源、医药、教育和信息技术等,这些贡献在某些行业可能成为企业的核心战略的一部分,成为企业社会投资、慈善或者社区服务行动的一部分。

概括地说,企业社会责任是指企业在创造利润、对股东利益负责的同时,还要承担对企业的其他各利益相关者的责任,保护其权益,以求不仅在经济方面,更在社会、环境等领域获得可持续发展的能力。企业社会责任是一个与伦理管理密切相关的问题,需要权衡"3P",即Profit(利润,对经济增长的关注)、Planet(星球,对生态的关注)、People(人类,对人的关注)。其中,对经济增长的关注体现为:遵守法律、法规和行业规范,为消费者提供合格的产品或服务,为股东创造利润,与供应商、销售商友好合作。对生态的关注体现为:研发无害于环境的产品,在生产过程中要维护环境质量,使用清洁能源,注重水、能源等资源的循环利用,降低废弃物的产生量,共同应对气候变化,保持生物多样性和生态平衡等。对人的关注体现为:不雇用童工或不支持雇用童工的行为,不因种族、社会阶层、国籍、宗教、残疾、性别或政治归属等而对员工有歧视行为,不从事或不支持对员工的体罚、精神或肉体胁迫以及言语侮辱,保证员工的休息时间,公司标准工作周的工资至少能够达到法律或行业规定的最低工资标准,公司不能逃避劳动法和社会安全法所明确的对员工应尽的义务等。

2.2.2 企业社会责任的测量

对于如何衡量企业社会责任,有两种方法。第一种方法采用声誉指数(Reputation Index)。声誉指数主要是由专家学者通过对公司各类相关政策进行主观评价后得出的排序结果。如经济优先权委员会编制的"CEP 指数"和"米尔顿·莫思科维茨社会责任评级标准"均属于声誉指数。第二种方法是内容分析法(Content Analysis)。内容分析法主要由分析公司以公开的各类报告或文件,特别是年度报告来确定每一个特定项目的分值或数值。与声誉指数相比,内容分析法较为客观。

20世纪90年代后的研究中,大多采用KLD指数来衡量企业社会责任。所谓 KLD 指数是 KLD(Kinder,Lydenberg,Domini and Company)公司的分析师们独立创设的一种评价公司与利益相关者之间关系的评级标准。KLD指数从公司与相关利益者之间的八个方面的关系来衡量企业社会责任,其中主要是社区关系、员工关系、自然环境、产品的安全与责任以及妇女与少数民族问题等五个方面。KLD指数主要是从与相关利益者之间关系的角度来衡量公司的社会责任,每一家公司对待上述五方面相关利益者的态度按 Likert 五分刻度制进行衡量,其中-2 为消极对待利益相关者,+2 为积极对待利益相关者。

从企业社会责任的研究可以得出:第一,企业社会责任涉及的范围已越来越广,企业不仅自身要承担必要的社会责任,还要敦促整个供应链中合作伙伴承担社会责任,这就需要企业对供应商进行有效伦理管理。第二,企业社会责任的测量也越来越具体化、细微化,这为企业的供应商伦理管理提供了相应的参考标准。

2.3 企业与供应商关系中的伦理问题研究

2.3.1 企业与供应商关系中可能的伦理问题

企业与供应商关系中涉及两类伦理问题,一类是企业的伦理问题,即企业如何友善对待供应商;另一类是供应商的伦理问题,即企业如何管理供应商的不符合伦理规范的行为。本书主要研究后者。

一些学者比较关注企业应如何友善地对待供应商。Forker 和 Janson 列举了购买行为中的伦理问题。他们通过研究发现一些公认的不道德行为很常见。Dempsey，Hite 和 Bellizzi，Plank 和 Greene 及 Bird 都有同样的看法。企业对待供应商的不道德行为有：接受宴请、礼物与贿赂、互惠行为、说谎或夸大等。Tadepalli R，Abel Moreno 和 Salvador Trevino 的研究中采用了 11 种购买中的不道德行为：接受供应商提供的免费旅行、允许某些供应商知道其他竞争对手的报价、对供应商进行夸大描述、接受免费礼物、接受免费款待、给予某些供应商优待、从供应商处打听竞争对手的消息、购买决策过程受销售人员个性的影响、接受免费餐饮、对供应商施加压力以获得对方的让步、即使不想改变目前的供应商也从潜在供应商处询问报价。他们还用 T 检验比较了墨西哥人与美国人对这 11 种伦理问题的不同看法。Razzaque 和 Hwee 总结了购买者的六种不道德行为：给予或接受礼物、商务宴请、泄漏机密报价、给予某些供应商优惠、互惠及夸大结果。Carter 通过文献回顾与小组访问界定了多种企业对待供应商的不符合伦理规范的行为，如表 2-3 所示。

表 2-3 企业对待供应商的不符合伦理规范的行为

行　为	文献出处
采用模糊的合同条款来获取利益	Felch，1985.
明确规定偏好某一特殊供应商	Dubinsky 和 Gwin，1981；Felch，1985.
夸大作出让步的困难程度	Rudelius 和 Buchholz，1979；Dubinsky 和 Gwin，1981；Trevisan，1986；Janson，1988.
到期后允许某供应商重新报价	Rudelius 和 Buchholz，1979；Dubinsky 和 Gwin，1981；Trevisan，1986；Janson，1988.
允许某些供应商报价	Trevisan，1986.

续表

行　为	文献出处
偏好高管偏爱的供应商	Dubinsky 和 Gwin，1981；Trevisan，1986；Puffer 和 McCarthy，1995；Husted et al.，1996.
允许供应商个性影响决策	Rudelius 和 Buchholz，1979；Dubinsky 和 Gwin，1981；Trevisan，1986；Janson，1988.
编造第二个供应商以获取优势	Felch，1985.
向对方询问竞争对手的信息	Rudelius 和 Buchholz，1979；Dubinsky 和 Gwin，1981；Schlegelmilch 和 Robertson，1995.
故意误导对方	Trevisan，1986；Anton van den Hengel，1995.
贿赂	Puffer 和 McCarthy，1995；Schlegelmilch 和 Robertson，1995；Donaldson，1996；Husted et al.，1996.
高估需求以获得量大优惠	Anton van den Hengel，1995.
让无成功机会的供应商报价	Rudelius 和 Buchholz，1979；Trevisan，1986；Janson，1988.
开后门，如与采购部门以外的设计或生产部门的人员接触	Rudelius 和 Buchholz，1979；Dubinsky 和 Gwin，1981；Trevisan，1986；Forker 和 Janson，1990.
单方取消购买订单并避免赔偿	Rudelius 和 Buchholz，1979；Trevisan，1986.
使供应商过分依赖购买企业	Trevisan，1986；Anton van den Hengel，1995.

资料来源：根据 Carter 等的相关资料整理。

　　Carter 在文献回顾与实际调研的基础上，把企业与供应商之间的伦理问题分为购买企业的不符合伦理规范的行为与供应商的不符合伦理规范的行为，其中前者又分为欺骗行为与敏感行为，具体如表 2-4 所示。

表 2-4 Carter 对企业与供应商之间不符合伦理规范行为的分类

类　别		具体内容
购买企业	欺骗行为	虚构另一个供应商以获得优势
		采用模糊合同条款以获得更多利益
		夸大问题的严重性以获得供应商的让步
		在谈判中故意误导供应商
	敏感行为	偏好高层管理者喜欢的供应商
		允许供应商的个性影响决策
		明确指出偏爱某一供应商
供应商		谈判中说谎或故意误导
		对独家购买商给予优惠的价格或条件
		开后门(如与采购部门以外的工程部、制造部或其他部门的人接触)
		当所购原料或零部件出现短缺时提高价格
		提供超过名义价值的礼品
		询问竞争对手的情况
		过分强调资源与生产进度

资料来源：Carter C R. Ethical Issues in International Buyer -supplier Relationships：A Dyadic Examination. *Journal of Operations Management*, 2000.

另外一些学者则关注企业应如何管制供应商的不道德行为。Min 和 Galle 关注供应商的环境责任，提出了"绿色购买"的建议。Dollinger 等提出从少数民族企业购买(MBE)。Emmelhainz 和 Adams 则关注供应商工厂的劳工状况。Carter, Kale 和 Grimm 研究环境购买，关注的是供应商的环境问题，他们用六个题项来测量环境购买，如表 2-5 所示。

表 2-5 环境购买的界定题项

题　项	含　义
EP1	我们购买的包装可回收利用
EP2	我们购买的包装比较轻巧
EP3	我们用生命周期分析来评价购买产品和包装的环境友好程度

题 项	含 义
EP4	我们参与供应商的产品的可降解设计
EP5	我们要求供应商承诺实现废物减少目标
EP5	我们参加供应商的产品可回收或可重复使用设计

资料来源：Carter C R, Rahul Kale, Curtis Grimm. Environmental Purchasing and Firm Performance：An Empirical Investigation. *Transportation Research*, Part E, 2000, 36(3):219—228.

Carter 和 Jennings 认为企业的购买社会责任包括环境购买、多样性、人权、慈善与安全等，如表 2-6 所示。

表 2-6 社会责任购买量表

社会责任	内 容
环境	用生命周期分析来评价购买产品和包装的环境友好程度
	参与供应商的产品的可降解设计
	要求供应商承诺实现废物减少目标
	参加供应商的产品可回收或可重复使用设计
	减少包装材料
多样化	从少数民族或妇女企业购买
	有正式的少数民族或妇女企业的供应商方案
人权	访问供应商的工厂，确保对方不使用血汗劳工
	确保供应商不违反童工法律
	要求供应商支付高于国家或地方规定的最低标准的生活保障工资
慈善	成为当地慈善机构的志愿者
	给慈善机构捐款
安全	确保供应商运营安全
	确保供应商的零部件与我们的产品安全对接

资料来源：根据 Carter 等的相关资料整理。

2.3.2 测量企业与供应商关系中伦理倾向的多维度量表

Landeros 和 Plank 采用 Reidenbach 和 Robin，Reidenbach，

Hansen 及 Cohen 开发的多维量表对企业专业采购人员的伦理倾向做了评估,通过因子分析得到三个维度:道德公平维度、相对维度及契约维度。Razzaque 和 Hwee 的因子分析把道德公平维度与相对维度进行了合并,得出了两个维度:道德维度与契约维度。

2.3.3 企业与供应商关系的伦理决策的影响因素

Razzaque 和 Hwee 采用相关分析研究了个体差异、人际关系因素和组织层面因素对购买行为的伦理感知的影响,如图 2-5 所示。

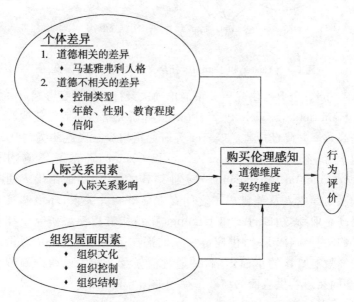

图 2-5 Razzaque 和 Hwee 的购买者伦理决策过程框架

Carter 和 Jennings 用结构方程模型研究了社会责任购买(PSR)的驱动因素。模型如图 2-6 所示。

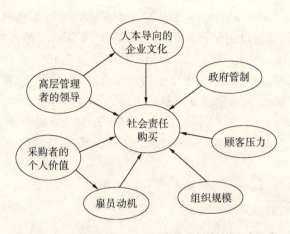

图 2-6 Carter 和 Jennings 社会责任购买的驱动因素

2.3.4 企业与供应商关系的伦理决策行为的潜在影响

Handfield 等、Melnky 等、Waiton 等研究指出环境责任购买能够提高效率并降低成本。Carter 等研究指出少数民族购买（MBE）可以提高企业绩效；Carter，Kale 和 Grimm 研究了环境购买（Environmental Purchasing）与企业绩效的关系，实证结果表明环境购买与净收入及销售成本之间存在显著相关关系，环境购买能够提高企业绩效；Carter 和 Jennings 用结构方程模型研究了社会责任购买行为（PSR）对供应链关系的潜在影响，认为 PSR 对供应商的绩效有直接的正面影响，并通过信任及合作关系两个调节变量，会间接影响供应商的绩效。模型如图 2-7 所示。

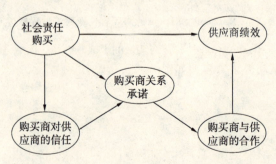

图 2-7 Carter 和 Jennings 的 PSR 的影响

2.4 道德判断模型

关于道德判断的研究一直以理性模型为主。传统的理性主义模型认为,道德判断是一系列理性推理的结果;而社会直觉模型认为,很多时候人们的道德判断更多的是一种直觉和情感的结果;Greene 的二元道德判断模型则认为情感和认知在道德判断中的作用是存在冲突和竞争的。

2.4.1 理性道德判断模型

理性的道德判断模式强调以事先的推理抓住事件的本质真相[①]。理性主义哲学家认为,成熟的道德判断是理性的产物,抽象的推理为道德判断提供了方向和动机。Kohlberg 与 Turiel 也指出道德理解与道德判断是通过推理与深思熟虑才达成的。道德心理学家 Kohlberg 在理性主义的基础上提出了道德认知发展理论,并在该领域产生了广泛的影响。他强调推理和高级认知(Higher Cognition)在道德判断中的作用,指出道德判断是由高级认知加上若干混入其中的情感因素而做出的结论。

理性的道德判断模型有时也会把诸如同情之类的情感因素考虑进去,但道德情感因素只是中介变量,并不是道德判断的直接影响因素。在理性的道德判断模型中,人们像裁判员或法官一样权衡事件的损害、权利,然后才做出道德判断。理性的道德判断模型如图 2-8 所示。

---

① Williams B. Rationalism. In Edwards, *The Encyclopedia of Philosophy*. Macmillan Co. and the Free Press. 1967:69—75.

图 2-8 理性道德判断模型

资料来源：Haidt J. The Emotional Dog and Its Rational Tail: A Social Intuitionist Approach to Moral Judgment. *Psychological Review*,2001(108):814—834.

2.4.2 社会直觉道德判断模型

在完全理性的模型中,道德判断是经过道德推理而得出的结论,虽然诸如同情等情感因素也会进入道德推理过程,但情绪不是道德判断的直接原因。而 Haidt 等学者却指出道德推理并不是道德判断的前因,相反,道德推理是事后的概念,通常在道德判断形成后才进行。传统情感主义者认为,人们自发产生的情感在道德判断和道德行为中起决定性的作用,或者说,是情感和欲望推动了人们的道德实践。但他们同时也认识到,不同的人情感和欲望是不同的,甚至同一个人在不同的时间和环境中的情感和欲望也是不同的。Haidt 等的社会直觉道德判断模型(Social Intuitionist Model)表明人们具有"直觉式道德"(Intuitive Ethics)。Haidt 指出人们根据本能的对错感觉对他人的行为快速做出直觉性的判断,这种依据直觉的道德判断如图 2-9 所示。

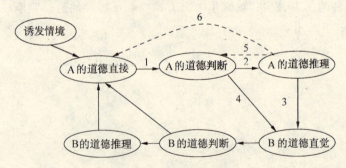

图 2-9 Haidt 的社会直觉道德判断模型

道德直觉可以定义为一种道德判断在意识中的立即呈现,包括一种情感评价(好或坏,喜欢或不喜欢),而不包括任何有意识地逐步搜寻、权衡证据,进而导出一个结论的加工。道德直觉是一种认知,而不是一种推理,是道德判断的直接原因。图 2-9 所示的直觉式的道德判断过程是人与人之间的互动过程。A 的道德直觉受到 B 的道德推理的影响,而 A 事后的道德推理影响 B 的道德直觉。面对道德问题时,首先根据直觉对事件做出道德判断,事后才试图寻找理由。如图 2-9 所示,对于道德判断者 A 而言,在道德判断的过程中包括几个方面的连续过程:1 是直觉判断过程,2 是随后推理过程;3 是对他人的推理说服过程;4 是对他人的社会说服过程;5 是推理判断过程,6 是自我反应过程。在道德判断的社会直觉模型中,道德判断是由快速的道德直觉产生的,如果随后需要的话,则伴随一个缓慢的、依据过去发展情形分析的道德推理。

　　许多研究已经表明人们的思维有两种不同的模式:一种是线性的推理模式,是分析的、理性的、系统的,另一种是非线性的直觉模式,是直觉的、快速的、启发式的。这两种思维模式的比较如表2-7 所示。

表 2-7　直觉式与推理式思维模式的比较

直觉式思维模式	推理式思维模式
• 快速,不努力思考	• 慢速,努力思考
• 思维过程自动运行,目的明确	• 思维过程是可控的、有意识的
• 思维过程不可及,只有结果可见	• 思维过程可及、可见
• 不需要注意力资源	• 需要注意力资源,虽然注意力有限
• 并行分布加工过程	• 系列加工
• 模式匹配;隐喻式整体思维	• 符号操作
• 所有哺乳动物共同的	• 2 岁以上的人是一致的
• 依赖背景	• 背景自由的
• 平台依赖的	• 平台自由的

　　资料来源:Haidt J. The Emotional Dog and Its Rational Tail: A Social Intuitionist Approach to Moral Judgment. *Psychological Review*,2001(108):814—834.

2.4.3 二元冲突道德判断模型

在哲学家看来,人类是用道德原则(Moral Principles)和理性思考(Rational Thought)分辨是非的。但最近有一小部分哲学家、心理学家和神经科学学家认为,在这些之外还有其他原因。面对道德困境时,人们不仅依赖推理能力还依赖情绪反应。在一项对脑损伤的研究中,神经科学学家发现情绪的确在道德判断中起到很大的作用。

Greene 等人的二元冲突道德判断模型(Dual-process Theory of Moral Judgment)认为,人们的道德思维要受到情绪和认知两方面的影响。一方面,人类的道德思维会受到人们自身的社会情绪倾向所驱动;另一方面,人类还有一种独一无二的复杂抽象的推理能力,在道德思维过程中同样发挥作用。人们的道德思维不是单一的过程,而是两种截然不同的过程类型之间的相互作用,即大脑中不同区域的社会情绪反应过程和道德推理过程相互作用的结果。Greene 假设情感和认知在道德判断中的作用存在冲突和竞争,并通过实验得出结论:道德判断有其神经生物学基础,它由促进情感和认知过程的脑区所形成的复杂的网络构成,情感和认知在道德判断中的作用是竞争性的。Greene,Nystrom,Engell,Darley 和 Cohen 的二元道德判断模型如图 2-10 所示。

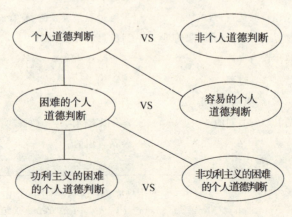

图 2-10 Greene 等的二元冲突道德判断模型

（1）个人的与非个人的道德判断

Greene 等人利用 fMRI 技术，对人们"个人的"与"非个人的"道德判断进行了考察。Greene 等的试验数据显示，在人类的大脑中，有两个相对独立的、对道德判断和道德行为作出贡献的系统，一个是情感系统，另一个是认知系统。如果一个道德判断更多地由社会情感的反应驱动，就被认为是个人的道德判断；反之，如果主要由认知，而更少由情感所驱动，就是非个人的道德判断。个人的与非个人的道德困境在道德主体的大脑中会产生不同的神经活动模式。

（2）困难的个人道德判断与容易的个人道德判断

如果都是个人的道德困境，主体反应的不同的神经活动模式和道德判断之间存在联系。Greene 等人根据被试者的反应时间把个人的道德困境细分成困难的个人道德判断与容易的个人道德判断两个类别，从而进一步了解情感和认知在道德判断中的不同作用。困难的个人道德困境，由于被试对其反应时间较长，也叫做高反应时间试验。容易的个人道德困境因被使对其反应时间较短，也叫低反应时间试验。

（3）功利主义的困难的个人道德判断与非功利主义的困难的道德判断

当被试面对困难的个人道德困境时，和情感、认知相关的脑区都被激活了，并且情感和认知在道德判断中的作用是存在竞争的。情感和认知在道德判断中竞争的结果会影响到人们最终的道德判断。Greene 等人根据道德判断主体的情感和认知竞争的结果，又把被试对困难的个人道德困境的判断分为功利主义的困难的个人的道德判断和非功利主义的困难的个人的道德判断。一个功利主义的损失与收益分析对于做出"合适"与否的判断是最常见的基础。因此，在这样的判断中，需要有抽象推理的参与，同时，也要有认知控制参与其中以反对任何与之相反的压力。这些认知过程会导致人们做出功利主义的判断。相反，若被试的情感反应胜过了认知反应，那么就会做出非功利主义的回答。

伦理决策的研究已经指出了伦理决策的过程与影响因素。影响伦理决策的因素涉及决策个体的因素、组织及外部环境因素以及伦理问题本身的因素。伦理决策的过程大致可以分为伦理意识、伦理判断、伦理意图与伦理行为四个阶段。

根据企业社会责任的研究可知,社会各界对企业承担社会责任的呼声越来越高,而且企业社会责任的范围不断扩大,不仅企业自己需要承担社会责任,企业还需要敦促供应商承担社会责任。只有有效的供应商伦理管理才能监督供应商承担必要的社会责任。

企业与供应商关系的研究中涉及两类伦理问题:一类是企业如何友善对待供应商,另一类是企业如何管制供应商的不道德行为。现有的研究探讨了影响企业与供应商关系的伦理决策的因素以及伦理决策质量对双方关系以及绩效的影响。

关于道德判断的研究存在三种模型:传统的理性主义模型、社会直觉模型和二元道德判断模型。传统的理性主义模型认为,道德判断是一系列理性推理的结果;社会直觉模型认为,很多时候人们的道德判断更多的是一种直觉和情感的结果;Greene 等的二元道德判断模型则认为情感和认知在道德判断中的作用是存在冲突和竞争的。

从现有的关于企业社会责任的研究可知,企业都需要实施供应商伦理管理,优化对供应商伦理管理的决策行为。现有的关于伦理决策的研究大都围绕着影响伦理决策的因素及伦理决策的过程而展开的。这些研究对供应商伦理管理有着非常重要的意义,成为供应商伦理管理决策行为研究的基础。但是这些研究关注的是决策者自身所面临的伦理问题,供应商伦理管理则需要企业管理者先对供应商的行为进行正确的伦理判断。虽然学者们提出了道德判断模型,但关于企业对供应商行为的伦理判断几乎无人触及。

伦理问题往往是复杂、混乱、不易辨别的,企业决策者也不是完全理性的经济人。在现实中,企业决策者对供应商的伦理判断

是否存在系统性的偏差？如果伦理判断存在偏差，那么这些偏差
是否导致供应商伦理管理的失效？本书将在行为经济学的研究范
式下，探讨有限道德的决策者在对供应商行为的伦理判断中出现
的系统性的偏差，以及这些偏差给供应商伦理管理带来的影响。
本书还将探讨有限道德的社会公众对企业行为伦理判断的偏差给
企业供应商伦理管理造成的影响。

3 有限道德：内涵、成因及其对伦理判断的影响

本章将对本书的理论基础——有限道德理论进行探讨,阐述有限道德的内涵及表现形式,分析有限道德产生的原因,并着重描述有限道德导致的系统性的伦理判断偏差。

3.1 有限道德的内涵及表现形式

3.1.1 有限道德的内涵

绝大多数人都重视伦理决策与伦理行为并力求培养伦理习惯。尽管愿望很好,但人们还是发现自己时不时地会做出不符合伦理规范的行为,这是系统性的偏差所导致的,这些偏差影响人们的决策但人们自己却无法意识到。系统性偏差的存在导致了人们道德的有限性。有限道德研究的是非故意的不道德行为,这种研究被伦理学家认为不属于伦理研究范畴。伦理学研究的是故意的不道德行为,是行为人经过深思熟虑并根据对与错的判断后所作出的行为决策。有限道德使得人们做出了与其固有的价值即伦理信仰不一致的不符合伦理规范的行为。

Chugh,Bazerman 和 Banaji 将有限道德界定为一种系统的、可预测的心理过程,这种心理过程使人们实施与自己道德准则不符的不道德行为。有限道德推翻了无限道德的假设,研究人们可预测的背离理性的系统性错误,关注的是人们违背外显道德规范的道德错误,它描述了人们所认为的道德水准与实际的道德水准之间的差异。如果决策者所做出的决策不仅损害别人的利益,也不符合自己外显的信念与偏好,这就是有限道德。有限道德所导致的偏差普遍存在,即使是最优秀最聪明的人,也会由于认知偏差在

无意识中做出违背自己奉行的道德准则的事情。大多数人都一直认为自己是讲道德、有能力、受人尊敬的,因此能免受不道德事件的影响。这种极高的自尊使得人们不能有效地监控自己的行为,更有可能产生有限道德。Tenbrunsel 和 Messick 认为,人们经常忽视决策中的伦理成分,有限道德源于人们自我欺骗的先天倾向。通过"道德过滤"(Ethical Cleaning)作用,人们经常无意识地把涉及道德问题的决策转化为与道德无关的决策。

人们理所当然认为自己的行为会符合道德规范,但实际上不会完全这样做。人们在评价自己过去的行为时,也觉得是道德的,但实际上不全是这样。毫无疑问,绝大多数人会认为他们比其他人更遵守道德规范,但事实未必如此。人们在评价过去的行为及预计未来的行为时的道德水准与实际行动时的道德水准总是存在差异。也就是说,人们总是受制于有限道德,对道德的认知存在系统的偏差。

3.1.2 有限道德的形式

有限道德会以多种形式表现出来,Bazerman 和 Moore 总结了以下几种有限道德的情形:不自觉地沽名钓誉、内隐偏见、内群体互惠、漠视未来以及利益冲突。

(1) 沽名钓誉

沽名钓誉(Overclaiming Credit)是一种高估自己的偏差。不只是成功人士对自己持有肯定的看法,许多普通人在评价自己的能力时,也会认为自己高于平均水平。企业管理人员也不例外。人们往往会高估自己对团队的贡献,越是高估自己,越是不能公平地评价他人。沽名钓誉的根源在于自利性偏差,即使诚实的人也会高估自己对某一事业的实际贡献。

一个人沽名钓誉的程度越高,将来愿意再次合作的几率就越小。在企业中,过分地沽名钓誉会破坏战略合作伙伴关系。当合作双方均高估自己的贡献时,就会过分地挑剔对方,进而在接下来的合作中减少自己的贡献。如果团队成员能从长远出发,就可以减少这种沽名钓誉的倾向,从而改善团队绩效。同样,沽名钓誉也会损害员工的积极性。当一名员工看到公司其他员工因工作绩效而得到提升时，就会觉得自己的贡献更大，更应该得到嘉奖，就会觉得不公平，不满情绪油然而生。不满情绪进而会导致他减少努力程度从而工作绩效下降。

（2）内隐偏见

人们所说的未必是他们内心的真实想法，事实上，人们也不是总能知道他们内心的真实想法。心理学用内隐偏见（Implicit Prejudice）与外显态度来描述真实的想法和实际表达的想法之间的差异。内隐偏见是与外显态度相对的概念，外显态度是指经过深思熟虑而形成的，决策者有意识认可的态度，而内隐偏见指的是那些决策者没有意识到、也不一定承认的自发态度。① 内隐偏见可能存在自己没有意识到的深层次的偏好和感觉，是一种意识不到的心理过程，如无意识的性别、种族歧视等。Banaji认为，内隐偏见源于归类、知觉、记忆和判断等一般心理过程，是"一般偏见"（Ordinary Prejudice）。

多数人都认为自己会根据品质来评价他人，但是研究发现人们经常会根据内隐偏见来评价别人。为什么内隐偏见会如此普遍，其根源在于人们的思维结构。人们会把一起发生的事情联系在一起，并理所当然地认为永远会同时发生，如打雷与下雨、白发与苍老。这种联系在一定程度上对人们的决策有所帮助，但不是在任何情况下都是正确的。内隐偏见源自一般的、无意识的内隐联系。可以用内隐联系测验（IAT）来揭示意识和无意识之间的差异②，无意识的偏见与有意识的偏见存在本质的差异，正是这种差异解释了那些无外显偏见的人为什么存在偏见。即使那些最无外显偏见的人在某些时候也可能会作出有偏见的联系，如将黑人和暴力联系在一起，将穷人与懒惰联系在一起。这些"一般偏见"同样会存在于管理决策中，尤其是当决策涉及伦理问题时。

---

① Banaji M R, Bazerman M H, Chugh D. How(Un) Ethical are You? *Harvard Business Review*, 2003, 81(12): 56—64.

② 内隐联系测试网站：www. tolerance. org/hidden_bias。

（3）内群体互惠

内群体互惠(In-group Favouritism)是指人们倾向于帮助自己所属群体成员。人们倾向于认同那些与自己有很多相似之处的人，即将正面特征与"内群体（自己所属群体）"而不是外群体成员联系，这就等于惩罚了外群体成员。因此，人们倾向于帮助那些在国籍、种族、性别或者毕业学校等方面和自己相同的人。但几乎没有人会承认自己不愿意善待那些未被充分代表的少数人群。人们倾向于帮助内群体成员，却没有意识到这种行为可能对外群体成员造成损失，这是一种不够道德的互惠行为。内群体互惠，或因为某些共同的人口统计特征而给予特别照顾，这就等于惩罚了与自己不同的人。帮助与自己相似的人固然是件好事，但歧视与自己不同的人也是不道德的。在管理决策中，如招聘、解聘、升职或建立合作关系等，少数人群仅仅因为他们是少数群体而不知不觉地受到歧视。

（4）漠视未来

人们普遍认为，应该保护自然环境，节约能源，坚持可持续发展。但是人们现实的决策却与这种外显的价值观背道而驰。事实上，人们正在加速消耗资源，对环境不负责，而不是追求可持续发展。人们声称要关注未来，实际上却在大量消费。这虽然不符合人们对子孙后代的外显态度，但人们确实是在漠视未来(Discounting the Future)。对未来的严重漠视，是由于人们普遍存在偏好目前消费的倾向。人们消耗资源的欲望不断膨胀，对未来造成的危害越来越大。人们明知要节约资源并保护环境，但由于道德的有限性，却在破坏环境，造成资源的枯竭。

在企业管理中，由于决策者漠视未来，只会关注眼前的利益，忽略未来的收益。在环境保护方面，企业因追求自身利益的最大化而忽视对环境的负面影响，导致可持续发展的失败。在与其他企业合作时，决策者会忽视未来长期合作的收益，过分关注目前的利润，这将导致合作的失败或短期性。

（5）利益冲突

虽然人们承认利益冲突(Conflict of Interest)的存在，但人们往往认为自己能够免受影响。实际上,利益冲突虽然不会导致直接的败德行为,但是它有可能在不知不觉中扭曲人们的判断。在很多场合,诚实且道德高尚的专业人员也会因自身利益无意识地提出既不好也不道德的建议。

3.2 有限道德产生的原因

决策的过程可以分为预想、行动与评价三个阶段。即使是那些杰出人士,也会受制于有限道德,其行为达不到自己所预期的道德水准,而自己事后也没能察觉。究其原因有三点:其一,"应该自我"与"想要自我"在决策的不同阶段发生作用;其二,随着决策进入行动阶段,会出现道德意识的衰退;其三,决策进入评价阶段后,又会出现认知扭曲,从而未能发现其行为不道德的一面。"应该自我"与"想要自我"在决策的预想、行动与评价三个阶段所处的地位不同,再加上行动阶段道德意识的衰退与评价阶段的认知扭曲,从而导致了人们道德的有限性。如图 3-1 所示。

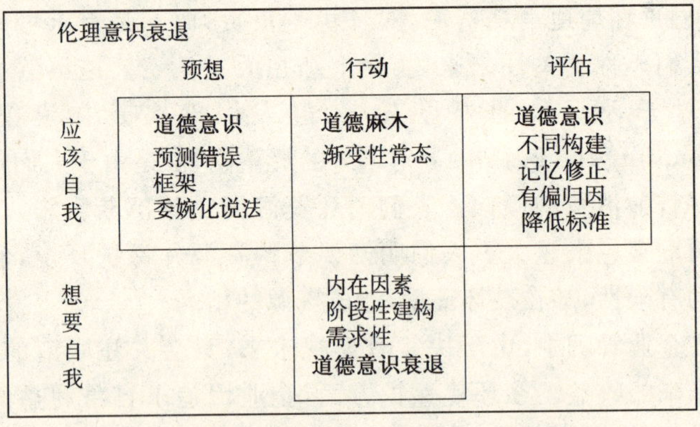

伦理意识衰退		
预想	行动	评估
应该自我 道德意识 预测错误 框架 委婉化说法	道德麻木 渐变性常态	道德意识 不同构建 记忆修正 有偏归因 降低标准
想要自我	内在因素 阶段性建构 需求性 道德意识衰退	

图 3-1　两重自我、道德意识衰退与认知扭曲

资料来源:Tenbrunsel Ann E,Diekmann Kristina A,Bazerman Max H, Wade -Benzoni Kimberly A. The Ethical Mirage:A Temporal Explanation as to Why We Aren't as Ethical as We Think We Are (revised),HBS Working Paper No. 08—012.

3.2.1 "应该自我"与"想要自我"在决策不同阶段的分离

Tenbrunsel、Diekmann、Wade-Benzoni 和 Bazerman 用"应该自我"(Should Self)与"想要自我"(Want Self)之间的差异来解释有限道德产生的原因。人的内心深处有两种相冲突的声音，即"应该自我"与"想要自我"。"应该自我"体现人的理性的、认知的、有思想的、冷静的一面，而"想要自我"则表现出人感性的、情绪化的、冲动的、不冷静的一面。"应该自我"包含了伦理意图以及想要遵守道德原则的意愿，而"想要自我"则折射出更多的自利偏好及对伦理道德的漠视。为什么人们本想遵守道德规范，实际行动时却没有做到，而事后也没能感知自己的不道德，就是因为人们在决策的预想与评价阶段，受到"应该自我"的支配，而在行动阶段却受到"想要自我"的支配。在决策的预想阶段，"应该自我"起作用，决策者坚信将会按照自己奉行的道德原则采取行动，到了决策的行动阶段，"想要自我"控制着人们，使他们的行为背离道德规范，等到了决策的评价阶段，"应该自我"使人们相信他们的行动没有问题，已经达到了道德要求。正是这种"应该自我"与"想要自我"在决策不同阶段的分离使得我们受制于有限道德。

3.2.2 行动阶段的道德意识衰退

道德意识衰退是指决策者没有意识到决策中涉及伦理问题，因而未能采用道德标准来评价决策质量。在行动阶段会出现道德意识的衰退，无视决策中涉及的伦理问题，或者说，把伦理问题转化成非伦理问题。当决策时所涉及的伦理问题隐蔽起来后，"应该自我"就不会启动，而"想要自我"占主导，败德行为自然就会出现。导致道德意识衰退的原因有以下几种：

（1）预测误差（Forecasting Errors）。在很多情况下，人们不能准确预测他们未来的行为。面对伦理困境，人们希望别人认为自己有道德，对行为的预测会更不准确。在决策的预想阶段，是对自己未来行为的构想，不是真正的执行，会高估自己的道德水准，低估行动时的困难。在预想阶段，决策者对行动阶段的动机考虑不周密，无法预料到行动阶段的困难，因而会存在误差。如果出现了预测误差,在行动阶段则不可避免地会出现道德意识衰退。

(2) 阶段性建构(Temporal Construal)。根据建构水平理论(Construal Level Theory,CLT),人们对事件的建构会随着时间的推移而发生变化。一个事件的特征分为首要特征和次要特征。人们对事件建构的抽象程度分为两个水平:对首要特征的高水平建构(High-level Construals),它是概括性的、去情境化的、本质性的;对次要特征的低水平建构(Low-level Construals),它是具体的、情境性的、附带性的。时间距离的变化能系统地改变人们对未来事件的建构水平。人们常常根据首要特征来表征较远的将来发生的事件,在决策的预想阶段,考虑的是未来,由于其建构水平较高,更容易考虑到问题的伦理方面。但是,到决策的行动阶段,随着时间的推移,该事件越来越临近时,人们转而根据次要特征来表征,由于其建构水平较低,从而容易忽略事件中隐含的伦理因素。因此,在预想阶段的伦理问题到行动阶段就转变成了非伦理问题。

(3) 框架与情境(Framing and Context)。在预想阶段对问题的框定很重要,直接影响决策的道德水平。如果在预想阶段,就把问题界定成伦理问题,到了行动阶段,伦理意识的衰退程度则小。反之,如果开始没能把问题框定成伦理问题,行动时则更可能出现道德意识的衰退。Tenbrunsel 和 Messick 的研究指出认可与制裁系统(Sanctioning Systems)影响人们对问题的框定,认可与制裁系统的存在会褪去决策问题中的伦理因素。面对伦理困境,如果不存在认可与制裁系统,则会把问题框定成伦理决策。如果存在认可与制裁系统,则会把问题框定成一般的商业决策,不道德的行为仅仅就是商业成本问题,而非道德问题。

(4) 委婉化说法(Euphemism)。委婉的表述或欺骗性的说法会掩盖问题所涉及的伦理因素。

(5) 道德麻木(Ethical Numbing)。如果类似的不道德行为反复发生,人们对该行为的不道德性变得麻木,从而造成道德意识的淡薄,道德意识的衰退更严重。

(6) 内在因素(Visceral Factors)。在行动阶段,诸如饥饿、焦虑、恐惧等生理或心理因素也会导致道德意识的衰退。

(7) 需求性(Desirability)。需求性是与可行性(Feasibility)相对应的概念,需求性是指结果的主观价值的大小,可行性是指达到该结果的难易程度。人们对较远的未来事件的表征水平较高,关注的是需求性,对较近的未来事件的表征水平较低,关注的是可行性。因此,时间距离越大,人们越倾向于根据需求性来表征并作选择。在预测阶段,人们往往根据美好的愿望来预测未来,而到了行动阶段,采取的却是最可行的方案。

3.2.3　评价阶段的认知扭曲

道德意识的衰退使得人们在行动阶段采取了非道德的行为。在事后的评价阶段,"应该自我"重新处于支配地位,如果意识到过去的行为与自己的价值观不一致,就会有强烈的动机想为自己辩护。[①] 决策者通过一系列的认知扭曲,总能为自己的不道德行为找到恰当的理由,从而使不道德行为貌似合理,这些认知扭曲包括评价阶段与行动阶段的不同构建、选择性记忆、有偏归因、事后合理化及道德水准的调整。

(1) 不同构建(Construal Differences)。在评价阶段,人们会回忆过去。回忆过去与预测未来一样,都是与高水平构建联系在一起,关注的是事情的整体而非具体情节。[②] 具体的细节会在记忆中很快消失,留下的仅是抽象的特征。Ross 也指出人们会用抽象概念重构过去的事件。评价阶段与行动阶段的不同构建是导致评价阶段的认知扭曲的原因之一。在评价阶段,随着事件细节的退化,取而代之的是笼统的、整体的、抽象的记忆,所以人们会肯定过去的行为。

(2) 记忆修正(Memory Revisionism)或选择性记忆(Selective Memory)。人们会选择性地修正他们对过去行为的记忆,故意遗

---

① 　Zhong C B, Liljenquist K. Washing Away Your Sins: Threatened Morality and Physical Cleansing. *Science*, 2006, 313(9): 1451—1452.

② 　Trope Y, Liberman N. Temporal Construal. *Psychological Review*, 2003 (95): 3—15.

忘非道德的方面。Chaiken 等指出,价值与道德尺度是一个人自我定义的一部分,一旦发觉自己的道德准则受到行为的挑战,就会有强烈的动机想要坚守道德准则。此时,在评价过去的行为时,不是力求准确,只想得出结论:自己过去的行为没有偏离自身的道德水准。这样,就会故意只记起符合道德水准的片段,而忽略有悖于道德水准的片段。事后的评价实际是先有结论,再搜寻事实,只是一种"验证性"的评价。所以,有关过去的记忆是选择性的,即只选择性地记忆了符合自己道德水准的信息而忽略了那些有悖于道德水准的信息,因而存在系统性偏差是必然的。选择性记忆可以使人在实施了不道德行为后仍然相信自己没有违背道德标准,这样可以维持自尊,不焦虑,不沮丧。选择性记忆妨碍了人们正确评价自己的行为,更不利于人们道德水准的提升。

(3) 自我验证性归因(Self-confirmatory Attributions)。如果事先的行为存在伦理问题,当事人就归因于不可控的情境因素。如果事先的行为符合伦理准则,当事人则归因于可控的个人因素。这种事后归因实际上是在寻找做错事的理由。事实证明,当要求那些违法者或违背道德者对行为作出解释时,他们总能找到看似行得通却根本不成立的理由。这与 Haidt 的研究不谋而合,Haidt 也认为,道德推理是事后的,是为了给事先的伦理决策一个合理的解释。

(4) 调整道德标准(Ethical Standard Adjustments)。事后回想起先前的行为,如果发现与自己奉行的道德准则不一致,将会产生强烈的不安。这种内心不安会促使人们调整伦理标准以使他们的行为能达到可接受的道德标准。如,事后人们会安慰自己:"谈判中的小谎话是双方都熟悉的潜规则。"如果是一点点地缓慢变化,那么最终累积成的重大变化也可以被接受,而如果在短时间内一下子发生重大变化,就得不到认同,就如同煮青蛙效应。人们在评判自己行为是否道德时,喜欢与过去相比,如果这次的非道德行为离道德标准只差一点,则不会发现这种差异,这种不道德将会成

为他下一次评价行为的标准。① 这样，道德标准的逐渐变化就成了
"渐变性常态"（Creeping Normalcy）。多次微小的调整最终会积累
成显著的变化，虽然自己无法察觉，而外人一看便知。

3.3 有限道德与伦理判断偏差

有限道德不仅存在于伦理决策与伦理行为中，还体现在人们
对他人行为的伦理判断中。

David Messick 的研究表明人们会认为自己比他人更公正。
后来很多学者的研究都证实了这一看法：人们总是对别人的伦理
行为更挑剔；人们会怀疑他人做好事的动机；人们认为他人比自己
更自私，更容易受到金钱的诱惑；人们会认为自己比他人更诚实更
值得信任；人们总相信自己会努力做好事。但是，我们也发现，人
们并不总是挑剔他人的伦理行为。事实上，在某些场合下，对于他
人的不符合伦理规范的行为，人们会另眼相看，对他人行为的伦理
判断会产生系统性的偏差。

大多数关于伦理的研究都是在哲学范畴内，而 Messick 等人从
心理学的研究视角探索不符合伦理规范行为的产生原因。把
Messick 关于伦理行为的心理模式与有限意识结合起来，就形成了
有限道德的概念。有限道德是有限理性的扩充，正如 Simon 的有
限理性指人们由于认知限制会做出不符合自己偏好的选择一样，
有限道德是指人们会做出不符合自己伦理准则的伦理行为。

本书研究企业对供应商的伦理管理，所以关注的是对他人行
为的伦理判断与伦理管理决策，而不是决策者本身的伦理行为。
本书感兴趣的是企业决策者在什么样的情况下会无视供应商的不
道德行为，进而导致供应商伦理管理失效。在有限道德的制约下，
人们对他人行为的伦理评价会产生系统性偏差，不能或不想揭露

---

① Tenbrunsel A E, Messick D M. Ethical Fading: The Role of Self Deception in Unethical Behavior. *Social Justice Research*, 2004, 17(2): 223—236.

他人的不道德行为。Gino，Moore 和 Bazerman 研究了对他人行为伦理判断偏差。

3.3.1 变化视盲——滑坡效应

（1）变化视盲的内涵

在认知心理学中，变化视盲（Change Blindness）是指观察者不能通过视觉检测到某场景中发生的显著变化。变化视盲通常发生在场景中的变化和某些视觉干扰同时发生的情况下。相对于场景图像中的真正变化，这些视觉干扰在面积上和时间上可能都是不明显的，已经发现的可能引起变化视盲的视觉干扰包括：眨眼（blink）、扫视（eye-movement）、摄像机镜头的切换（camera cut）、图像斑块闪现（mud splash）、图像翻动（flicker）等等。随着研究的进行，更多视觉干扰形式正在被不断发现。

Simons 的研究表明人们往往对就在眼前发生的逐渐变化视而不见。通常的情况是，人们要么根本不能发现变化，要么不能发现变化是如何发生的。

（2）伦理判断中的变化视盲——滑坡效应

不只是在视觉中存在变化视盲，研究表明在对他人行为进行伦理判断时也存在变化视盲。Gino 和 Bazerman 的研究发现相对于突发的不符合伦理规范的行为，由正常的行为缓慢渐变而成的不符合伦理规范的行为不容易被人注意。Gino 和 Bazerman 的研究与 Tenbrunsel 和 Messick 关于滑坡效应的研究一脉相承，并受到他们所提出的滑坡效应概念的启发。所谓滑坡效应（Slippery Slope）是指决策者对于行为的细小变化很难察觉，很难界定为不符合伦理规范的行为，而对于大的变化，人们很容易发现行为的不道德性。一个人如果慢慢地从斜坡上滑下来，则可能没有太大的感觉，而如果从高处一下子跳到低处，则会明显感觉到身体不适。温水煮青蛙的故事与滑坡效应相类似。如果把青蛙放进热水中，那么青蛙会一下子跳出来。但把青蛙放进冷水中缓慢加热，青蛙则会被煮熟。好比温水中的青蛙一样，人们也不会注意到不符合伦理规范行为的缓慢变化。

通常认为人们不站出来揭发他人的不道德行为或其他组织的不道德行为，是一种有意识的、故意的行为。因此，这种隐瞒本身也是不道德的。传统的研究认为，当察觉到他人或其他组织的不道德行为时，人们会权衡揭发行为的损失和收益，然后做出显性的选择。但是这些研究忽略了一点，就是在某些情况下，人们可能根本就没有发觉他人行为的不道德性行为。变化视盲现象一方面揭示出一个新的探索人脑认知机理的重要手段，一方面也给伦理判断一个重要的提示：不符合伦理规范行为的形成方式会影响人们的伦理判断。如果不符合伦理规范的行为不是突然发生，而是由符合伦理规范的行为渐变而成，那么人们将会忽视这种变化。

Gino 和 Bazerman 用滑坡效应来解释人们为何没能察觉他人的不符合伦理规范的行为。他们指出不符合伦理规范行为的形成方式影响人们发现这种行为。如果不符合伦理规范的行为一下子发生，那么人们很容易发现这种道德底线的跨越。相反，如果不符合伦理规范的行为是经由符合伦理规范的行为缓慢退化而成，那么他人可能对这种缓慢的变化不敏感，因而就不会发现行动者的不道德。例如，一个大型审计公司的会计师负责审计一个声誉很好的公司。第一种情形，这个公司的财务报表连续三年都符合伦理规范，质量也很高，审计人员核准了财务报表并与该公司保持着良好的关系。然而，第四年，该公司的财务报表有明显的违规做法甚至有违法行为。在这样的情况下，审计人员当然不会核准该公司的财务报表。而第二种情形，如果第一年该公司只是稍微有点违规，并没有明显的不合法，那么很可能审计人员不会注意到这种微小的违规行为。到了第二年，该公司的违规程度加重一点，审计人员仍然没有注意。第三年，违规程度更严重了，而审计人员还是核准了财务报表。到了第四年，该公司的违规程度跟第一种情况相当。第二种情形与第一种相比，审计人员拒绝核准财务报表的可能性要小很多。①

（3）滑坡效应的成因

伦理判断中出现的滑坡效应实质是一种内隐偏差，也就是说，滑坡效应的产生是一种无意识的或非故意的心理过程，行为人本身并没有意识到自己的伦理判断出现了偏差。学者们用不同的术语来描述无意识的或非故意的心理现象，如"自动的""未察觉的""内隐的"或"潜意识的"。② Gino 和 Bazerman 用"内隐的"描述无意识的或非故意的行为，用"外显的"描述有意识的或故意的行为。滑坡效应的产生就是由于决策者有一种无意识的或非故意的心理现象。到底什么原因导致决策者产生这种无意识的判断偏差呢？原因有三种：伦理麻木、归纳机制与参照点变化。

① 伦理麻木。心理学的研究表明重复的行为会导致心理麻木（Psychological Numbing）。当重复经受疼痛或悲伤后，最初的伤痛感就不再清晰了，人就麻木了。饱经痛苦的人对新的苦难就会有一种麻木感，就不再那么敏感。Bandura 研究指出当重复面对伦理困境时，也会产生伦理麻木（Ethical Numbing），即重复经历了同样的伦理困境后，再次遇到同样的问题，就变得不再敏感，就不会发现困境中涉及的伦理因素，行动时就会更草率，其行为也可能更不符合伦理规范。

② 归纳机制。在数学中，归纳机制（Induction Mechanism）是这样的：如果在 $N=1$ 时，命题成立，并且假定 $N=k$ 时命题成立，就可以证明 $N=k+1$ 时命题也成立，那么就有对于所有的 N，命题都成立。Tenbrunsel 和 Messick 用归纳机制来解释伦理判断中出现的滑坡效应。如果我们过去的行为没有伦理问题，这次的行为跟以往的差不多，只是稍微变化了一点点，那么这次的行为也没有

---

① Gino F, Moore D A, Bazerman M H. No Harm, No Foul: The Outcome Bias in Ethical Judgments, HBS Working Paper No. 08−080, February, 2008.

② Blair I V. Implicit Stereotypes and Prejudice, in Moskowitz G（Ed.）, *Cognitive Social Psychology: The Princeton Symposium on the Legacy and Future of Social Cognition Mahwah*, Lawrence Erlbaum Associates, Inc., 2001: 359−374.

问题。这种归纳机制就是把过去的做法作为评价这次行为的标准。如果过去的行为符合伦理标准，那么与此接近的行为也就被认为是符合伦理准则的。只要每次偏离伦理准则的程度充分的小，那么经过一系列的渐变之后，符合伦理规范的行为就会变得不再符合伦理规范，而仍然被认为不存在伦理问题。这种归纳机制与 Kelman 和 Hamilton 描述的常规化过程相类似。常规化是指当一种做法变成了惯例，就很普通、很平凡，就可以接受了，也就不再具有伦理色彩了。一旦不符合伦理规范的行为变成了惯例或潜规则，人们就会认为这种做法是正常的并且可以接受。Ashforth 和 Anand 指出，当不符合伦理规范的行为成为日常生活的一部分，人们就不会认为不合适。Brief，Buttram 和 Dukerich 也指出腐败成风的原因部分是由于这种行为老是发生，结果人们会觉得不足为奇。

③ 参照点变化。前景理论认为，人们做决策时不仅考虑最终结果，还考虑现状，并以现状作为参照点来做出决策。人们在决策时，总是会以自己的视角或参考标准来衡量，以此来决定决策的取舍。Kahneman 和 Tversky 的研究表明，人在不确定条件下的决策，似乎取决于结果与设想的差距而不是结果本身。Boyle，Dahlstrom 和 Kellaris 研究证实在伦理决策中也存在参照点偏差。对于同样的伦理行为，人们在做伦理判断时，如果以不道德的行为作为伦理判断的参照点，那么会认为不符合伦理规范的程度比较轻，而如果以道德行为作为参照点，那么会认为不符合伦理规范的程度比较重。通常人们会以最近的一次伦理判断作为参照点，或者以企业的伦理准则作为参照点，依照的参照点不同，对他人行为的伦理判断就会不同。当伦理行为慢慢发展成不符合伦理规范的行为时，往往会出现伦理判断偏差。这种偏差是内隐的，不易被察觉。其实出现了这种偏差，是因为伦理判断依据也就是参照点发生了变化。当不符合伦理规范的行为缓慢变化时，参照点也会跟着发生变化。只要这一次的行为偏离上一次的行为不是太远，就会被认为是符合伦理规范的。这样经过一段时间的渐变，就出现

了滑坡效应。

3.3.2 结果偏差

（1）结果偏差的内涵

在完全理性的研究框架中，应该根据决策时决策者所能获得的信息来对决策质量做出评价，不应该受到决策结果的影响。如果两个决策者依据相同的信息做出了相同的决策，但是所处的环境具有不确定性，两个决策导致了不同的结果，一个决策者比较幸运，没有导致不好的结果，而一个决策者比较不幸，导致了坏结果。那么完全理性的判断，对这两个决策者的评价应该是相同的。然而，在现实生活中，由于很难观察到决策的过程，人们经常根据决策的结果来评价决策质量的好坏。人们的判断容易受到结果的诱导，认为结果好就意味着决策本身好。Baron 和 Hershey 把这种现象称为结果偏差（Outcome Bias），指出人们在评价他人的决策质量时会以决策的结果为依据。

结果偏差是指在不是根据决策当时的情景理性地评价决策质量，而是根据决策的结果来评价决策的优劣。人们在评价决策的质量时，往往根据最终的结果来判断，而不是根据决策当时的情景来评价决策的质量。根据结果来评价决策的质量是错误的，这是因为决策的结果不仅与决策质量有关，还会受到外部不确定性因素的影响。在决策时，未来存在很多不确定性因素，决策的结果也受很多偶然的因素影响。决策者在决策时，不可能完全准确预测未来，如果根据结果来评价决策的质量，就等于让决策者为他们无法掌控的事件负责。

结果偏差在很多场合都会出现，如在对医疗决策的评价中，病人的安危会影响评价者对医生决策质量的评价。[①] 医生在决定是否给病人动手术时，知道手术存在风险，也知道手术成功的概率。手术是否成功不仅取决于医生手术的质量，还受手术后不可控因

---

① Baron J, Hershey J C. Outcome Bias in Decision Evaluation. *Journal of Personality and Social Psychology*，1988(54)：569—579.

素的影响。当告知被试病人手术后死亡,被试者通常认为医生采取手术的决定是错误的;而告知病人手术后康复了,被试者通常认为医生的决策是正确的。事实上,医生在决定是否进行手术时,只知道手术成功的概率,不可能知道手术后到底会面临什么样的情形,所以根据手术的结果来评价医生的决策显然是错误的。

(2) 伦理判断中的结果偏差

在日常生活中,人们常常谈论他人的行为并对他人的行为做出伦理判断。伦理判断与其他判断不同,是根据判断者所处的价值体系对他人的行为和特性做出的好与坏的评价,这种判断带有较强的主观性,给人们留下了足够的灰色空间。Kellaris,Dahlstrom 和 Boyle 认为每个伦理问题就伦理后果而言是独一无二的,因而伦理决策过程中的心理过程与普通经济问题决策不同。理性的决策者在做纯粹的经济决策时,会选择效用最大的方案。然而在伦理决策时,由于主观价值判断,各个方案的优劣可能仁者见仁,智者见智,决策者可能会放弃经济价值最大的方案,选择他认为正确的方案。Kellaris 等的研究表明决策者面对伦理问题,会放弃理性的信念与判断。伦理问题的严重性会影响决策者的判断与行为。

人们通常先对他人行为的伦理性做出评价,然后决定是否惩罚他人。在不确定的环境下,有时不符合伦理规范的行为会导致有害的结果,有时则不会。理性的决策者在评价他人行为时,只会评价行为本身是否符合伦理标准,不会受到行为结果的干扰。然而,实际上人是有限理性的,在评价他人行为时会受到行为是否已经产生了危害性的结果的影响。事实上,行为结果影响对行为伦理性的判断。

在伦理判断中同样会产生结果偏差。例如,销售人员在销售房子时,为了增加销售量,没有告知客户地下室在大雨时可能会进水,如果客户买房后随即遇到大雨,地下室进水了,大家则会认为销售人员不道德,如果买房后一直没遇到大雨,那么大家可能就不会责怪销售人员。虽然在这两种情况下,销售人员销售行为的不道德程度相同,但是人们对他的评价则不同。① Mazzocco,Alicke 和 Davis 也认为结果的严重程度直接影响人们对行为人的责备程度。

Gino,Moore 和 Bazerman 研究指出行为结果影响人们对他人行为的伦理判断。同样的不符合伦理规范的行为,相比于那些没有导致不良后果的行为,如果结果恶劣,会受到更多的伦理谴责,即使这种不良后果是偶发因素导致的。在不了解结果的情况下,那些人们还可以接受的行为,在知道了行为的不良后果后,人们就会认为这不符合伦理规范,就会谴责并惩罚行为人。Gino,Moore 和 Bazerman 进一步指出伦理决策与不涉及伦理问题的决策相比,结果偏差更严重。他们发现人们常常根据行为是否导致损害结果来做出伦理判断,而不是根据伦理决策的质量来判断。

根据行为结果的好坏判断行为伦理性的模式会误导人们。行为产生结果的好坏不仅受决策质量的影响,还会受到外因也就是环境因素的干扰。对于那些"不幸"导致了坏结果的人,即使他们决策过程的不符合伦理规范的程度较轻,只是稍微跨越了道德底线,人们也会严厉地责备并惩罚。对于那些侥幸没有产生坏结果的不符合伦理规范的行为,即使坏结果的发生具有可预见性,人们也常常不过问,直至严重的后果出现为止。这就错过了阻止不符合伦理规范行为的最佳时期。等坏结果出现之后,再亡羊补牢则为时已晚。

在危害结果发生之前,人们总是认为没什么问题。只有在不符合伦理规范行为的危害结果发生后,人们才会觉察到行为的不道德性,在决策的过程中,人们却不易发现。行为的结果会影响人们对行为的伦理判断。在评价决策者的行为或意图时,决策的过程应该比决策的结果更重要。然而人们经常根据结果进行直觉式的伦理判断,这就大大降低了发现不符合伦理规范行为的可能性。

---

① Baron J, Hershey J C. Outcome Bias in Decision Evaluation. *Journal of Personality and Social Psychology*, 1988(54):569—579.

正是人们关注结果多过关注决策过程，才导致了很多的伦理判断失误。例如，一个人在制药研究中作假的程度轻，但该药品致人死亡了，而另一个人在制药研究中作假程度重，但药品没有致人死亡。这两种情况下，人们理所当然根据结果更多地谴责作假程度轻但导致坏结果的研究人员。

（3）结果偏差的深层原因——直觉式伦理判断

在完全理性的模型中，伦理判断是经过伦理推理而得出的结论，虽然诸如同情等情感因素也会进入伦理推理过程，但情感不是伦理判断的直接原因。而 Haidt 等学者却指出伦理推理并不是伦理判断的前因，相反，伦理推理是事后的概念，通常在伦理判断形成后才进行。① Haidt 等的研究表明人们具有"直觉式伦理"（Intuitive Ethics）。Haidt 指出人们根据本能的对错感觉对他人的行为快速做出直觉性的判断。伦理直觉是一种认知，而不是一种推理，是伦理判断的直接原因。人们面对伦理问题时，首先根据直觉对事件做出伦理判断，事后才试图寻找做出这种判断的理由。

许多研究结果显示，人们的思维有两种不同的模式：一种是线性的推理模式，是分析的、理性的、系统的；另一种是非线性的直觉模式，是直觉的、快速的、启发式的。当人们采用非线性的直觉模式进行推理时，对伦理行为的判断就是直觉式的，此时结果偏差就会出现。

3.3.3 确定效应

（1）确定效应的内涵

确定效应（Effect of Identifiability）是指人们往往对于确定的对象反应更强烈，即使在这个确定的对象的具体信息一无所知的情况下也是如此。确定效应有两种，一种是受害对象确定效应，另一种是做坏事者确定效应。

受害对象确定效应（Identifiable Victim Effect）是指相对于很多的、模糊的一群受害者来说，人们倾向给予具体的、确定的受害

---

① Haidit 的研究中道德用的 moral，而本书采用 ethics。

者更多的关注与同情，并给予确定的受害对象更多的帮助。Small
和Loewenstein指出只是告知存在具体的受害者，即使对受害者的
个人资料一无所知，也会使人们对受害对象的关心程度增加。

做坏事者确定效应（Identifiable Perpetrators Effect）是指相对
于不确定的做坏事者，人们会更多地惩罚确定的做坏事者，并表现
出更多的愤怒。即便只是告知存在确定的做坏事者，具体信息一
无所知，也会使人们对做坏事者的厌恶、愤慨程度增加，进而会更
多地惩罚确定的做坏事者。Loewenstein，Small和Strand的研究
表明，当惩罚具体的确定的做坏事者时，人们甚至愿意牺牲自己的
利益。

（2）伦理判断中的确定效应

人们通常先对他人行为的伦理性做出评价，然后决定是否惩
罚他人。在评价不符合伦理规范的行为时，有时受害者可以确认，
有时受害者不能确认，不符合伦理规范行为的实施者有时可以确
认，有时不能确认。完全理性的伦理判断不会受不符合伦理规范
行为的受害对象及实施者是否确定的影响。但在现实中，人是有
限理性的，在伦理判断中表现出确定性偏差，或者说在伦理判断中
存在确定效应。人们在判断他人行为的伦理程度时，会受到不符
合伦理规范行为的受害对象以及实施者是否确定的影响，具体来
说会产生两种效应，即受害对象确定效应与做坏事者确定效应。

① 伦理判断中不符合伦理规范行为的受害对象确定效应

同样程度的不符合伦理规范的行为的受害对象有可能是明确
的，也有可能是不明确的，或者可能根本没有受害对象，但人们对
这三种情况的伦理判断却不同。当受害对象明确时，人们认为不
符合伦理规范的程度最重；当受害对象不确定时，人们认为不符合
伦理规范的程度次之；当没有受害对象时，人们认为不符合伦理规
范的程度最轻。受害对象确定效应会导致伦理判断产生系统性偏
差，当受害对象确定时，人们会高估不符合伦理规范行为实施者的
不道德程度，而当受害对象不确定时，人们又会低估不符合伦理规
范行为实施者的不道德程度。

② 伦理判断中不符合伦理规范行为的做坏事者确定效应

不符合伦理规范行为的实施者有时是明确的，而有时却是模糊不清的。当不符合伦理规范行为的实施者确定时，人们认为其不道德程度较重，当不符合伦理规范行为的实施者不确定时，人们认为其不道德程度较轻。做坏事者确定效应也会导致伦理判断产生系统性偏差，当不符合伦理规范行为的实施者确定时，人们会高估其不道德程度，而不符合伦理规范行为的实施者不确定时，人们又会低估其不道德程度。

（3）确定效应的深层原因

Loewenstein，Small 和 Strnad 从情感与认知两个方面来解释为何人们对确定的受害者比不确定的受害者给予更多的关注与同情，而对于确定的不符合伦理规范行为的实施者，人们表现出比不确定的不符合伦理规范行为的实施者更多的愤慨、责备与惩罚。

① 情感原因

Loewenstein，Small 和 Strnad 指出情感因素是确定效应产生的原因之一。较不确定的受害对象或做坏事者，确定的受害对象或做坏事者会引起更强烈的情感波动，在行为上做出的反应也就更显著。当不符合伦理规范行为的实施者或受害对象确定时，行为人或受害对象与社会的距离就近了。同样的情形，如果只有一个确定的受害者，相比于很多不确定的受害者，更会引起人们的同情。Small 和 Loewenstein 称这种现象为单一效应（Singularity Effect）。单一的受害对象使人们产生了情感关注。与之相类似，当不符合伦理规范行为的实施者确定时，就有了表达情绪的对象，人们更容易表达愤恨的情感，而如果行为的实施者不确定，人们满腔的怨恨也不知道指向谁，因而愤恨要轻得多。

② 认知原因

Friedrich，Barnes，Chapin，Dawson，Garst 和 Kerr 都指出人们存在心理生理麻木（Psychophysical Numbing），人们对生命的尊重会随着身处危险中人数的增加而下降。如果在不符合伦理规范的行为中只有一个受害者，人们会认为这个受害者非常不幸；为什么那么多人身处危险之中,却只有他独自遭到损害呢?受害者的确定不仅缩短了人们与受害者的社会距离、博得了同情,而且使人们的注意力与意识增强,更能促使人们认清行为的本质。类似的,当不符合伦理规范的行为人确定时,人们的注意力就会更集中,伦理意识也会增强,对行为人的伦理判断就会更准确。而如果实施人不确定时,由于很难追究行为人的责任,人们就会忽略这种不道德行为。

3.2.4 间接损害偏差

(1) 间接损害偏差的内涵

间接损害偏差(Indirect Harm Bias)是指相对于直接损害,人们总是偏好间接损害。或者说,当间接损害与直接损害导致的后果同样严重,甚至更严重,但人们对间接损害的行为人更宽容。[①]所谓直接损害,是指在描述行为时,无法不涉及行为带来的损害,描述行为本就隐含的行为导致的损害结果。间接损害则是指在描述间接损害行为时,可以不涉及损害结果。比如,甲把乙从山上推了下去,这就是一种直接损害,推下去本身就隐含了损害结果。如果是乙靠在摇晃的栅栏上,甲推倒了栅栏,乙掉下了山崖,此时甲的行为导致的就是间接损害。在第二种情况下,甲的行为可以描述成"推倒了栅栏",没有涉及"乙掉下山崖"。[②] 在第一种情况下,乙受伤的概率相当大,在第二种情况下,如果乙没有靠在栅栏上,就不会掉下山崖了。在间接损害的情况下,除了当事人的行为外,还有其他原因才导致了损害的发生。上述例子中的第二种情形,甲的行为加上乙靠在栅栏上,两者结合起来才导致了损害结果。

(2) 伦理判断中的间接损害偏差

Royzman 和 Baron 指出与直接损害相比,人们认为间接损害的问题没那么严重。如企业的供应商通过血汗工厂降低成本,对

① Royzman E B and Baron J. The Preference for Indirect Harm. *Social Justice Research*, 2002(15):165—184.

② Royzman E B and Baron J. The Preference for Indirect Harm. *Social Justice Research*, 2002(15):165—184.

企业来说就是间接行为导致的损害，而企业自己通过血汗工厂降低成本则是直接损害。如果他人的不道德行为对自己有利，人们就会原谅别人，而且有时还会主动授意他人替自己从事不符合伦理规范的行为。公众与媒体却常常对这种通过他人从事不符合伦理规范行为的企业持包容的态度。

Paharia，Kassam，Greene 和 Bazerman 指出如果不符合伦理规范的行为是通过他人实施的，那么与自己直接实施不符合伦理规范的行为相比，得到的负面评价要轻得多。那些强势的人想要从事不道德的行为，往往都不是自己亲自执行，而是通过他人间接实施，自己很少与直接与受害人接触。如公司 CEO 会通过副总裁、律师与会计师等人去帮助自己执行不道德行为。这些强势的人通过不同程度的授意（指使或控制）间接代理人（Indirect Agency），间接实施不道德的行为。通过他人间接实施不道德行为可以隐藏导致了损害的事实、隐藏造成损害的主观故意、隐藏对损害程度的控制性。即使存在明显的主观故意性，人们往往也不会要求个人或企业对间接的不符合伦理规范的行为负责。如果社会公众与媒体不会谴责那些把不符合伦理规范的行为转嫁给他人的企业，那么企业就会有强烈的动机去转移那些"肮脏"的行为。

（3）间接损害偏差产生的原因

对于同等程度的损害结果，人们之所以会认为直接损害比间接损害更严重，是出于以下三个方面的认知偏差：第一，行为人主观故意程度不同。相比于间接损害，人们会认为导致直接损害的行为人存在主观故意；第二，表象不同。面对直接损害，人们会更关注损害本身，面对间接损害，人们会更关注行为；第三，损害程度不同。人们会认为直接损害的结果更严重，间接损害的结果没那么严重。

3.3.5 不作为偏差

（1）不作为偏差的内涵

判断与决策理论中的不作为偏差①（Omission/Commission

---

① 国内有些学者也称为忽略偏差。

Bias)描述的是这样的情形：带来同样损失的错误，可能是不作为引起的，也可能是做了什么后引起的，而后者给当事人带来的遗憾和痛苦更深。

（2）伦理判断中的不作为偏差

伦理学者的研究也表明在伦理判断与决策中也存在不作为偏差。人们在评价他人的伦理行为时，即使损害的程度相同，人们也认为通过作为引起损害的行为比不作为引起损害的行为更不道德。在很多场合，人们直觉上都会认为作为比不作为更不道德，即使两者的后果相同。

作为可以导致损害，不作为同样也会导致损害。虽然都导致了损害，但人们通常对不作为更宽容。Spranca，Minsk 和 Baron 研究发现在伦理困境中，不作为偏差更明显。他们的研究设计了这样一种场景：

甲与乙两个网球运动员第二天要参加决赛，当天晚上两人一起吃饭。甲知道乙对胡椒粉过敏，就想让乙吃带有胡椒粉的色拉，希望乙第二天不舒服，自己好赢得比赛。第一种情况是甲给乙点了带胡椒粉的色拉，第二种情况是乙自己点了带胡椒粉的色拉，但是甲没有阻止。

在 Spranca 等人的试验中，被试在评价甲的行为时，认为第一种情况下甲的行为更不道德。Spranca 等人的研究指出，大多数人认为主动欺骗比故意隐瞒实情更不道德，虽然这两者的主观故意相同。

（3）不作为偏差产生的原因

不作为偏差产生的原因在于人们过分关注初始的动机，而忽略了不作为决策本身隐含的不道德性。不作为可能是由于疏忽，而作为通常涉及主观故意。人们在评价伦理行为时，通常都会关注行为人的主观故意，人们通常认为道德总是跟主观意愿联系在一起。作为被认为更不道德就是因为作为包含了更多的主观故意与努力，而且其主观故意显而易见。而不作为虽然也导致损害，但不作为的行为主体是否存在主观故意，他人很难判断，所以通常认为不作为的行为人不存在主观故意，因而不道德的程度较轻。

3.3.6 故意视盲

故意视盲（Motivated Blindness）原本是心理学术语，是指在存在利害关系时，为了达到某种特定的结果，人们会选择性地挑选一些证据。故意视盲是指人们会选择性地只看到那些支持他们想要得到结论的证据，无视那些有悖于他们偏好的证据。当意识到揭露他人的不道德行为会损害自己利益时，人们就会无视他人的不道德行为，故意视盲就会出现。也就是说，如果一方希望另一方一直处于良好的状态，那么在评价对方的行为时，就很难做到客观公正。如在工作中，老板的行为不道德，但是考虑到自身工作安全，员工很可能故意装作没有发现老板行为的不道德性；当审计人员在审计企业账目时，如果他依赖于企业支付的审计费用，就会对企业不符合规范的行为睁一只眼闭一只眼；管制供应商的不道德行为会导致供应商成本的增加，进而导致企业的成本增加，企业就会无视供应商的不符合伦理规范的行为。

利益冲突是故意视盲产生的根本原因。审计公司因为要从客户那里获得审计费用与咨询费用，所以有强烈的动机希望客户的财务状况保持良好。因而审计人员面临自身利益损害与道德水准的两难选择。同样地，员工会面临工作机会的丧失与揭发老板不道德行径的两难选择，企业会面临成本上升与管制供应商不符合伦理规范行为的两难选择。

本章主要对本书的理论基础即有限道德理论进行了系统的梳理。

首先是本书对有限道德的理解，着重阐述了有限道德内涵及表现形式。具体包括：不自觉的沽名钓誉、内隐态度、内群体互惠、对未来的漠视及不可避免的利益冲突。

接着从心理学的角度分析了有限道德产生的根本原因，即"应该自我"与"想要自我"在决策的预想、行动与评价的三个阶段所处的地位不同，加上行动阶段道德意识的衰退与评价阶段的认知扭曲,从而导致了人们道德的有限性。

最后探讨了有限道德对伦理判断的影响。在有限道德的作用下,人们的伦理判断会产生系统性偏差,具体包括变化视盲、结果偏差、确定性偏差、间接损害偏差、不作为偏差及故意视盲。

4 理论模型构建

前一章分析了有限道德的内涵与表现形式、成因及其对伦理判断的影响,在此基础上,本章构建了基于有限道德的供应商伦理管理模型,重点探讨有限道德的行为个体在伦理判断中会产生哪些系统性的偏差,以及这些偏差对供应商伦理管理的影响。首先构建了基于有限道德的供应商伦理管理的一般模型;接着分析了供应商不符合伦理规范行为的类型对供应商伦理管理的影响;然后阐述了供应商不符合伦理规范行为的特质对供应商伦理管理的影响;最后探讨企业如何利用社会公众的伦理判断偏差向供应商转嫁不符合伦理规范的行为。

4.1 供应商不符合伦理规范行为的类型与特质

4.1.1 供应商不符合伦理规范行为的类型

本研究根据前面的文献综述,将供应商不符合伦理规范的行为分成人权、环境、多样化、慈善与安全等五种类型。下文将分别对这五种类型的供应商不符合伦理规范行为的内涵进行界定和分析。

（1）人权

供应商需要承诺尊重工人的人权,维护工人尊严并尊重工人。研究供应商人权问题的论文比较少,其中 Emmelhainz 和 Adams 关注供应商工厂的人权问题,该研究中的人权问题涉及支付生活标准工资与避免使用非人道的工作环境。本书根据以往文献中涉及的供应商的人权问题、新闻媒体关注的问题以及作者与企业采购部经理的深入交谈,并参考 SA8000 社会道德责任标准、《世界人

权宣言》及国际劳工组织《关于工作中基本原则和权利宣言》中的关于人权的规定,对人权的衡量包括以下几个方面内容:

① 工资待遇。包括供应商是否遵守法律规定的最低工资额,员工的最低工资、企业每月的工资总额、企业工资支付方式、怀孕员工的工资等标准,工资是否达到法定和行业规定的最低限额。

② 福利待遇。包括供应商是否给付相关法规所规定的法定社会安全与福利基金,包括医疗保险、工作伤害保险、养老金、住宿费用和失业基金;供应商是否应依照相关法规要求,代表雇员给付相关的福利基金。

③ 工作、生活环境。包括供应商是否为员工提供宿舍与食堂;宿舍与食堂的状况是否良好;供应商是否为员工提供饮用水、洁净的厕所、医务所;供应商对工作场所的布局、房间温度、通风、噪音、照明等是否有利于员工的身心健康。

④ 工作时间。包括供应商的作息时间、休息时间、每周工作日和工作小时、一个月中加班时间最长的员工的工时等标准,供应商必须遵守相应法规,加班必须是自愿的,雇员一周至少有一天的假期。

⑤ 是否强迫劳动。包括员工在下班后是否可以离开工厂,供应商是否扣押员工的身份证证件(如护照、身份证、工作证等),是否在雇用中使用诱饵或要求抵押金,是否对员工实行性骚扰、体罚、精神或肉体胁迫、辱骂,是否允许雇员轮班后离开,是否允许雇员辞职,是否使用强迫或非志愿性的劳动(如囚禁、契约约束、学徒契约或犯人)。

⑥ 是否存在歧视。包括供应商在用工过程中是否存在种族、肤色、宗教、年龄、国籍、性别(包含怀孕)、性倾向、婚姻状态、身心残疾等方面的歧视现象,供应商在招募、聘用、训练方面,以及在包括酬劳、福利、晋升、规范、终止雇用或退休等聘雇相关事务方面都不得歧视雇员。

⑦ 是否有结社自由和集体谈判的权利。包括员工是否有权利自由结社,供应商是否有工会,供应商是否存在罢工等情况,供应

商是否尊重全体人员组成和参加所选工会并进行集体谈判的权利。

⑧ 童工与未成年人问题。包括供应商是否按照法律控制最低年龄、少年工、学校学习、工作时间和安全工作范围,供应商是否聘用未完成当地政府要求的义务教育的青少年儿童。18 岁以下的未成年工人不得从事任何可能危及其身心健康或安全的工作。供应商应坚守法定的工作场所学徒培训制,并遵守所有规范童工和学徒培训制的法规。雇用童星可受个别准则规范。

（2）环境

供应商应该抱着对环境负责的态度,尽可能地减小对环境的负面影响。供应商应该保护自然资源,尽可能避免使用危害性的原料,尽力做到资源循环利用与重复使用。本书在参考了相关文献及一些环保组织的要求后,从以下几个方面来衡量供应商的环境友善行为:

① 环境法律、法规的遵守。包括供应商是否遵守相关的环境法规,是否取得环保许可和注册,供应商的环保许可是否有效,是否确保遵守执行和报告的要求。

② 废弃物及排放物。包括供应商是否存在安全处理、转移、储存、循环处理、再利用或管理废弃物、废气及废水排放的体系;供应商是否有效处理那些对人类及环境有害的废弃物、废气及废水,是否控制废弃物、废气及废水的排放;供应商是否存在防范意外事故导致的废弃物、废气及废水溢出及排放的系统。

③ 资源有效利用及保护。包括供应商能否做到能源的节约及保护自然资源;供应商是否采用简约包装。

（3）多样化

供应商多样化问题的研究主要关注从少数民族企业与女性企业购买。根据对相关文献的回顾,本书从两个方面来衡量:

① 供应商是否从少数民族企业购买。

② 供应商是否从女性企业购买。

（4）慈善

供应商应该具有爱心，对社会表示关爱。具体包括给慈善机构提供捐助，鼓励员工成为慈善活动的志愿者，对灾区进行捐助，给社区活动提供应有的支持等。

（5）安全

供应商应该提供安全的原材料、零部件等产品，并给员工提供安全的工作环境，本书根据相关文献以及对企业决策者的访问，从以下几个方面来衡量供应商安全行为：

① 产品安全。指供应商是否提供安全的、不危害人体健康的产品，包括原材料、零部件等。

② 工作保护。指供应商是否有效保护工人，确保其不会暴露在有害的化学物或危险的生物物质中。

③ 生产过程安全。指供应商是否存在措施有效地阻止或减轻化学有害物的排放。

④ 紧急情况处理。指供应商是否能够识别、评估工厂可能出现的紧急情况，并通过实施紧急计划与应急程序以使负面影响达到最小。

⑤ 危险信息披露。指供应商是否公开危险相关的信息，是否对员工进行教育、培训，以保护员工免受危险物的损害。

4.1.2　供应商不符合伦理规范行为的特质

同等程度的供应商不符合伦理规范行为，却往往表现出不同的特质，如同样的不符合伦理规范的行为，可能形成方式不同，有的"突变"而成，有的由符合伦理规范行为"渐变"而成；可能导致结果的好坏程度不同，有的导致"好结果"，有的导致"坏结果"；可能受害对象不同，有的"受害对象确定"，有的"受害对象不确定"。具体来说其特质有以下几点：

（1）按形成方式区分

供应商不符合伦理规范行为的形成方式存在差异。本书将供应商不符合伦理规范行为的形成方式分成"渐变"与"突变"两种。"渐变"的形成方式是指供应商不符合伦理规范的行为是从符合伦理规范的行为缓慢变化而成,且每次的变化很小,很难为人察觉。"突变"的形成方式是指供应商不符合伦理规范的行为是从符合伦理规范的行为一下子变化而成,变化显而易见。

(2)按结果好坏区分

供应商不符合伦理规范行为的结果存在差异。供应商不符合伦理规范行为结果的好坏程度不仅与不符合伦理规范的程度相关,而且还受到不确定性因素的影响。即使不符合伦理规范的程度相同,由于外部环境的不确定性,有时供应商不符合伦理规范的行为导致"坏结果",有时供应商不符合伦理规范的行为却导致"好结果"。

(3)按受害对象是否确定区分

供应商不符合伦理规范行为的受害对象存在差异。同样程度的不符合伦理规范的行为的受害对象有时是"确定"的,有时是"不确定"的。

4.2 基于有限道德的供应商伦理管理决策的一般模型

供应商伦理管理是企业通过一系列的策略、程序、监控等措施对供应商行为是否遵从法律法规、是否履行社会责任、是否符合伦理规范等进行的管理。在完全理性的模式下,企业根据自己的伦理准则对供应商进行管理。在管理过程中,将供应商的行为与企业设定的伦理准则相比较,计算成本与收益,如理性经济人那样做伦理管理决策。在现实中,由于内在的认知约束以及外在的不确定因素的限制,企业管理者往往是有限道德的,企业对供应商的伦理管理往往跟本来想要的不一样,或者说没能达到企业显性的伦理水准。在有限道德的制约下,企业对供应商的伦理判断存在系统性偏差,对供应商的伦理管理不能达到企业显性的伦理水准,也就是说在企业管理者有限道德的制约下,企业对供应商的伦理管理是有限的,表现出有限伦理。

4.2.1 供应商伦理管理决策的过程与影响因素

学术界一直重视伦理决策的研究,因此存在大量的关于伦理决策的研究文献。这些研究已经指出了伦理决策的过程与影响因素。伦理决策的过程大致可以分为伦理意识、伦理判断、伦理意图与伦理行为四个阶段。影响伦理决策的因素包括决策者个体的因素、组织及外部环境因素以及伦理问题本身的因素。这些研究为探讨供应商伦理管理决策行为提供了理论基础。

供应商伦理管理决策的过程同样也经过伦理意识、伦理判断、伦理意图与伦理行为四个阶段:首先企业要意识到供应商行为涉及伦理问题,然后对供应商行为进行伦理判断,接着形成对供应商伦理管理的意图,最后才对供应商采取相应的管理措施。在这个过程中,企业决策者个体因素、外部环境以及供应商不符合伦理规范的行为本身都会影响供应商伦理管理决策。企业供应商伦理管理决策的过程及影响因素如图 4-1 所示。

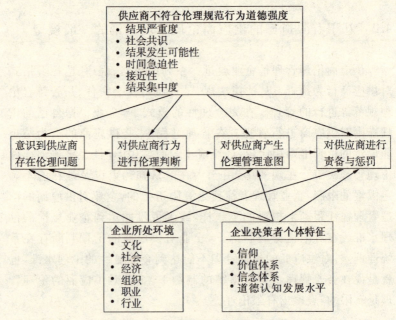

图 4-1　企业对供应商伦理管理决策的过程及影响因素

4.2.2　供应商伦理管理中的有限伦理

企业对供应商伦理管理的过程会经历伦理意识、伦理判断、伦理意图与伦理行为四个阶段，其中伦理判断是关键环节。伦理判断是指企业的决策者对供应商行为对与错或是否符合伦理规范的判断，因此准确的伦理判断是对供应商进行有效伦理管理的前提。

在传统经济学中，基本的假设是经济人完全理性和自利，他们会合理利用自己所收集到的信息来估计将来不同结果的各种可能性，然后最大化其期望效用。在理性的供应商伦理管理决策中，企业决策者根据自身的价值观念以及企业的伦理准则，通过推理与深思熟虑，对供应商可能涉及伦理问题的行为进行伦理判断。在理性的供应商伦理管理决策中，企业管理人员如同裁判员或法官一样正义、公正，能权衡供应商行为的损害和收益，然后做出准确的伦理判断，再决定如何责备或惩罚供应商。理性的伦理判断模型认为，那些具有高水准伦理价值的人会对供应商的伦理管理更严格。

但是现实中，供应商的伦理问题往往是复杂、混乱、不易辨别的，企业决策者也不是完全理性的经济人，而是有限理性的"社会人""精神人"以及"物质人"的结合体，而且没有时间也没有无限的认知能力根据企业的伦理准则及自身的价值体系去理性地权衡供应商行为是否背离了伦理规范。但企业对供应商的伦理管理也并非完全不理性，企业不会对供应商的不道德行为听之任之，也不会断然地简单处理。企业对供应商的伦理判断与管理总是会遵循某种有预见地或系统地考虑问题的方式来进行，只不过这些方式在某种程度上偏离了完全伦理。也就是说，企业对供应商的伦理管理不是遵循完全伦理的，而是表现出有限伦理：企业对供应商的伦理判断与管理存在系统性偏差，企业管理者试图使供应商的行为符合企业的伦理准则，但是由于环境复杂与决策者自身的认知能力有限，对供应商伦理管理的最终结果总是跟本来想要达到的目标存在差异，这种结果与愿望之间的差异就表现为有限伦理。因为有限伦理的存在，企业对供应商伦理管理的结果总是偏离企业显性的伦理准则，也就是说一个有着很高伦理水准的企业却可能不能阻止供应商不符合伦理规范的行为,或者无法使供应商的行为达到企业本来想要的那个伦理水准。

4.2.3 基于有限道德的供应商伦理管理决策模型

如果企业受到供应商不符合伦理规范行为的影响,轻则企业品牌受到损害,重则企业需要召回产品或直接破产。这么严重的后果,照理能够引起企业的足够重视。但是,国内外还是有很多供应商伦理管理失效的鲜活的例子。在找寻供应商伦理管理失效的原因时,公众媒体与学术界倾向于批评现代企业的高管与领导者,认为他们要么缺乏较强的伦理标准,要么因经济利益或竞争压力而放弃了伦理准则。

本书则从另外的角度寻找企业供应商伦理管理失效的原因:由于决策者道德的有限性,即使显性道德水准很高的人也会因一系列内隐偏差无意识地做出不符合伦理规范的事情,或无法发现他人的不道德行为。在有限道德的制约下,企业没能或不愿察觉供应商不符合伦理规范的行为,因而导致了供应商伦理管理的失效。企业没有及时发现并阻止供应商不符合伦理规范的行为,造成供应商伦理管理的失效,不一定是由于企业决策者道德水平低下或受利益及竞争压力的驱使,也不一定是企业自身的组织环境或所处的社会大环境对供应商伦理问题不够重视。而很可能是这样一种情形,企业决策者显性的道德水准很高,企业组织环境与外部环境也都支持对供应商进行伦理管理,但是由于企业决策者的有限道德,导致其对供应商行为的伦理判断产生偏差,进而导致了企业对供应商伦理管理的结果偏离了企业显性的伦理准则。

我们有理由相信社会中道德败类是少数,绝大多数的企业管理者都重视伦理决策与伦理行为并力求培养伦理习惯,也都希望自己的供应商能够遵守社会公认的伦理准则。但是,很多时候事与愿违,企业还是会时不时地陷入由于供应商不符合伦理规范行为所引发的声誉危机。在企业决策者有限道德的制约下,企业对供应商的伦理管理是有限的,因此本书构建的供应商伦理管理模型如图 4-2 所示。

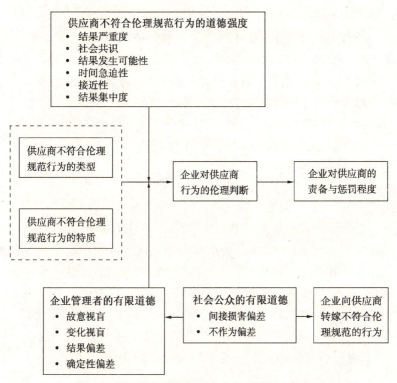

图 4-2 基于有限道德的供应商伦理管理决策模型

要对供应商进行有效的伦理管理,首先要对供应商的行为作出合理的伦理判断。准确的伦理判断是有效管理供应商伦理行为的前提。本书认为供应商不符合伦理规范的行为会影响企业对供应商的伦理管理,企业决策者对供应商行为的伦理判断是中介变量,对供应商不符合伦理规范行为与企业对供应商的伦理管理之间的关系起到中介作用。

由于决策者的有限道德,不仅供应商不符合伦理规范行为的类型会影响企业对供应商的伦理管理,而且供应商不符合伦理规范行为的特质(如不符合伦理规范行为的形成方式、不符合伦理规范行为结果的好坏、不符合伦理规范行为的对象是否确定等)也会影响企业对供应商的伦理管理,而企业对供应商的伦理判断在这一关系中起到中介作用。

不仅企业决策者具有有限道德,社会公众同样具有有限道德,对企业行为的伦理判断会产生不作为偏差与间接损害偏差。由于社会公众的这种偏差,企业决策者或者对供应商不符合伦理规范的行为产生故意视盲,或者直接向供应商转嫁不道德行为,如图 4-2 所示。

4.3 供应商不符合伦理规范行为的类型与企业的供应商伦理管理

4.3.1 道德强度与供应商不符合伦理规范行为类型

由于伦理管理涉及主观价值判断,在不同的文化背景、不同的经济发展水平下,不同类型的供应商伦理问题可能引起的关注程度不同。在企业决策者对供应商不符合伦理规范行为进行伦理管理时,这些不符合伦理规范行为涉及很多方面,有关于员工人权的,有关于环境问题的,有关于慈善活动的,有关于多样化问题的,还有关于安全问题的。不同类型的供应商伦理问题,其道德强度不同,自然引起企业关注与管理的程度就会不同。

(1) 不符合伦理规范行为本身的道德强度

关于伦理决策研究的问题权变理论(主要以 Collins,Jones 及 Singhapakdi 等为代表)认为,伦理问题本身的特征会影响决策者进行伦理判断、形成伦理意图和实施伦理行为。行为个体的伦理决策不可能脱离伦理问题本身。Jones 用道德强度来描述伦理问题本身的特征。道德强度指伦理问题本身涉及的道德压力或紧迫性,具体包括结果严重度(Magnitude of Consequences)、社会共识(Social Consensus)、结果发生可能性(Probability of Effect)、时间急迫性(Temporal Immediacy)、接近性(Proximity)、结果集中度(Concentration of Effect)等 6 个维度[①]。其中结果严重度是指不

---

① Jones T M. Ethical Decision Making by Individuals in Organizations: An Issue-Contingent Model. *Academy of Management Review*, 1991(160):366—395.

符合伦理规范行为导致损害结果的程度,如致人死亡的不道德行为比致人受伤的不道德行为的结果严重度大;社会共识是对涉及伦理问题行为的不道德性的共识程度,即行为的不道德性在社会上达成共识的程度,同样的不符合伦理规范的行为在不同的社会中的社会共识程度会有所不同;结果发生可能性是指不符合伦理规范行为引起损害的可能性,如把枪卖给一个抢劫犯比把枪卖给一个守法公民所引起损害结果的可能性大;时间急迫性是指不符合伦理规范行为导致的损害结果何时产生,是立即产生还是经过一段时间才会显现;接近性是指不符合伦理规范行为的受害对象与行为人的远近程度(可以是社会、文化、心理或地理意义上的远近),如解雇总公司的员工给人的感觉比解雇分公司的员工更不道德;结果集中度是指不符合伦理规范行为所导致结果的聚集程度,即在损害结果严重程度既定的情况下,损害结果是集中在几个人身上还是分散在很多人身上。

自从 Jones 提出道德强度的概念以后,大量的研究证实了道德强度的六个维度确实会对伦理决策产生作用。其中,一些研究从总体上证实了道德强度对伦理决策的影响。如 Paolillo 和 Vitell 研究的两个模拟决策场景中,道德强度分别解释了 37% 与 53% 的伦理决策差异。另一些研究则证实了道德强度六个维度对伦理决策的相对作用。Dukerich 等人的研究表明道德强度的六个维度中只有结果严重度影响伦理决策;McMahon 和 Harvey 采用因子分析把道德强度各维度归结成三个因子;Tsalikis 等人通过计算被研究次数,指出研究社会共识的占 81%,研究结果严重度的占 73%,而研究结果集中度的只有 33%;Stein 和 Ahmad 只研究了道德强度中的结果严重度,并把结果严重度分为身体、经济与心理三个维度,用层次分析法研究了三者的相对权重。

(2) 不同类型的供应商伦理问题的道德强度排序

在上节中,根据以往文献回顾,本书把供应商不符合伦理规范的行为界定为人权、环境、多样化、慈善与安全等五个类型。供应商不符合伦理规范行为的类型不同,其道德强度也不同,即不同类型的不符合伦理规范行为的结果严重度、社会共识、结果发生可能性、时间急迫性、接近性、结果集中度均不同。

层次分析法（The Analytic Hierarchy Process，AHP）是指通过分析复杂系统所包含的因素及它们的相关关系，构造一个层次分析结构模型，将每一层次的各要素两两比较，按照一定的标度理论，得到相对重要程度的比较标度并建立判断矩阵，并计算判断矩阵的最大特征值及其特征向量，得到各层次要素对上层次各要素的重要次序，从而建立权重向量。

① 建立层次结构模型

对于不同类型的供应商伦理问题，企业关注的程度不同。以 Jones 提出的道德强度的六个方面作为准则层，构建的层次结构模型如图 4-3 所示。

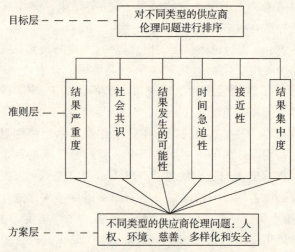

图 4-3　供应商不同类型的伦理问题的严重程度的层次结构模型

② 构造成对比较矩阵

通过相互比较确定各准则对于目标的权重，即构造判断矩阵。判断矩阵的元素 a_{ij} 用 Saaty 的 1—9 标度方法给出，表 4-1 为分级比例标度表。

表 4-1 分级比例标度参考表

标度	含义
1	表示两个元素相比,具有同样的重要性。
3	表示两个元素相比,前者比后者稍重要。
5	表示两个元素相比,前者比后者明显重要。
7	表示两个元素相比,前者比后者强烈重要。
9	表示两个元素相比,前者比后者极端重要。
2,4,6,8	表示上述相邻判断的中间值。
倒数	若元素 i 与 j 的重要性之比为 a_{ij},那么元素 j 与元素 i 重要性之比为 $a_{ji} = 1/a_{ij}$。

请 30 位具有实践管理经验的 MBA 学员进行打分,对所有分数进行算术平均后四舍五入所得的判断矩阵如下:

$$
A = \begin{array}{c}
\text{结果严重度} \\
\text{共识性} \\
\text{结果发生可能性} \\
\text{时间紧迫性} \\
\text{接近性} \\
\text{结果集中度}
\end{array}
\begin{pmatrix}
1 & 3 & 2 & 5 & 6 & 8 \\
 & 1 & 1/2 & 2 & 3 & 4 \\
 & & 1 & 3 & 4 & 5 \\
 & & & 1 & 2 & 3 \\
 & & & & 1 & 2 \\
 & & & & & 1
\end{pmatrix}
$$

相对于结果严重度

$$
B_1 = \begin{array}{c}
\text{人权} \\
\text{环境} \\
\text{多样性} \\
\text{慈善} \\
\text{安全}
\end{array}
\begin{pmatrix}
1 & 1/3 & 4 & 3 & 1/5 \\
 & 1 & 5 & 4 & 1/3 \\
 & & 1 & 1/2 & 1/8 \\
 & & & 1 & 1/9 \\
 & & & & 1
\end{pmatrix}
$$

相对于社会共识

$$
B_2 = \begin{pmatrix}
1 & 1/3 & 5 & 1 & 1/6 \\
 & 1 & 6 & 5 & 1/3 \\
 & & 1 & 1/3 & 1/7 \\
 & & & 1 & 1/8 \\
 & & & & 1
\end{pmatrix}
$$

相对于结果发生可能性 　　　　相对于时间紧迫性

$$B_3 = \begin{pmatrix} 1 & 1/2 & 2 & 2 & 3 \\ & 1 & 4 & 4 & 5 \\ & & 1 & 1 & 2 \\ & & & 1 & 2 \\ & & & & 1 \end{pmatrix} \qquad B_4 = \begin{pmatrix} 1 & 7 & 3 & 2 & 1 \\ & 1 & 1/4 & 1/5 & 1/7 \\ & & 1 & 1/2 & 1/3 \\ & & & 1 & 1/2 \\ & & & & 1 \end{pmatrix}$$

相对于接近性 　　　　相对于结果集中度

$$B_5 = \begin{pmatrix} 1 & 5 & 3 & 7 & 4 \\ & 1 & 1/3 & 2 & 1/2 \\ & & 1 & 4 & 2 \\ & & & 1 & 1/3 \\ & & & & 1 \end{pmatrix} \qquad B_6 = \begin{pmatrix} 1 & 7 & 4 & 5 & 3 \\ & 1 & 1/4 & 1/3 & 1/5 \\ & & 1 & 2 & 1/2 \\ & & & 1 & 1/4 \\ & & & & 1 \end{pmatrix}$$

（3）计算层次单排序的权向量和一致性检验

成对比较矩阵 A 的最大特征值 $\lambda = 6.087$，该特征值对应的归一化特征向量，即准则层的权向量为：

$$\omega_2 = (0.411, 0.154, 0.242, 0.094, 0.060, 0.039)^T$$

一致性指标为：　　$CI = \dfrac{\lambda - n}{n - 1} = \dfrac{\lambda - 6}{6 - 1} = 0.017$

随机一致性指标为：　　$RI = 1.24$

一致性比率为：　　$CR = \dfrac{CI}{RI} = \dfrac{CI}{1.24} = 0.014 < 0.1$

表明 A 通过了一致性验证。

根据对成对比较矩阵 $B_1, B_2, B_3, B_4, B_5, B_6$ 可以求得各属性的最大特征值和相应的特征向量以及一致性指标和一致性比率，结果如下表 4-2 所示：

表 4-2　层次单排序一致性检验

	结果严重度	社会共识	结果发生可能性	时间紧迫性	接近性	结果集中度
λ	5.178	5.303	5.026	5.049	5.078	5.168
CI	0.044	0.076	0.006	0.012	0.019	0.042

	结果严重度	社会共识	结果发生可能性	时间紧迫性	接近性	结果集中度
RI	1.120	1.120	1.120	1.120	1.120	1.120
CR	0.039	0.068	0.005	0.011	0.017	0.038

表明 B 通过了一致性检验。相应的特征向量为：

$$\omega_3 = \begin{pmatrix} 0.126 & 0.102 & 0.233 & 0.329 & 0.496 & 0.484 \\ 0.240 & 0.260 & 0.449 & 0.039 & 0.086 & 0.043 \\ 0.042 & 0.036 & 0.123 & 0.115 & 0.225 & 0.145 \\ 0.059 & 0.078 & 0.123 & 0.187 & 0.053 & 0.086 \\ 0.533 & 0.524 & 0.072 & 0.329 & 0.140 & 0.243 \end{pmatrix}$$

（4）计算层次总排序和一致性检验

人权、环境、多样化、慈善与安全的优先程度的排序向量为：

$$\omega_1 = \omega_3 \cdot \omega_2 = \begin{pmatrix} 0.126 & 0.102 & 0.233 & 0.329 & 0.496 & 0.484 \\ 0.240 & 0.260 & 0.449 & 0.039 & 0.086 & 0.043 \\ 0.042 & 0.036 & 0.123 & 0.115 & 0.225 & 0.145 \\ 0.059 & 0.078 & 0.123 & 0.187 & 0.053 & 0.086 \\ 0.533 & 0.524 & 0.072 & 0.329 & 0.140 & 0.243 \end{pmatrix} \cdot$$

$$\begin{pmatrix} 0.411 \\ 0.154 \\ 0.242 \\ 0.094 \\ 0.060 \\ 0.039 \end{pmatrix} = \begin{pmatrix} 0.203 \\ 0.258 \\ 0.082 \\ 0.090 \\ 0.366 \end{pmatrix}$$

层次总排序的一致性检验结果：

一致性指标为： $CI = 0.050$

随机一致性指标为： $RI = 1.12$

一致性比率为： $CR = 0.045 < 0.1$

因此，层次总排序通过了一致性检验。

⑤ 层次分析的结果

层次分析的结果显示不同类型的供应商伦理问题的道德强度不同。结果表明各类型的伦理问题的道德强度的权重排序为：安全＞环境＞人权＞慈善＞多样性。

通过层次分析可知，在企业高管看来，供应商的安全问题最重要，其次是环境问题，接着是人权问题，然后是慈善，最后是多样化。安全、环境、人权排在慈善与多样化的前面，这是因为如果供应商出了环境、人权与安全问题，给企业带来的是负面的效应，而供应商从事慈善活动，进行多样化购买，给企业带来的是正面的效应。

根据 Kahneman 和 Tversky 的前景理论，人们对损失和获得的敏感程度是不同的，损失的痛苦要远远大于获得的快乐。对于供应商伦理问题的管理，企业会更重视可能会给企业带来损失的伦理问题。如果供应商没有履行环境责任或违反劳工标准，或没有安全保障措施，一旦出了问题，企业就会受到牵连，面临损失。而如果供应商没有从事慈善活动或没有多样化购买不会给企业带来什么损失，如果企业从事慈善活动或多样化购买则可以提升企业的声誉。总之，企业对导致损害的供应商伦理问题（安全、环境、人权）的重视程度要高于带来收益的伦理问题（慈善与多样化购买）。

4.3.2　行为类型、伦理判断与企业对供应商的伦理管理

根据 Jones 的伦理决策理论模型以及相关学者的实证研究，伦理问题本身的道德强度影响伦理决策的意识、判断、意图及行为等四个阶段。因此，本书认为，供应商不符合伦理规范行为的类型不同，道德强度不同，企业对供应商的伦理管理程度也就不同。

根据 Rest 提出的四阶段伦理决策模型，即伦理决策经历伦理意识、伦理判断、伦理意图及伦理行为的过程，本书假定供应商不符合伦理规范的行为类型影响供应商的伦理判断，企业对供应商的伦理判断作为中介变量，对供应商不符合伦理规范行为的类型与企业对供应商伦理管理程度之间的关系具有中介作用。另外，本书用企业对供应商的责备程度与惩罚程度来衡量企业对供应商的伦理管理程度。供应商不符合伦理规范的行为类型与企业对供

应商伦理管理程度的关系如图 4-4 所示。

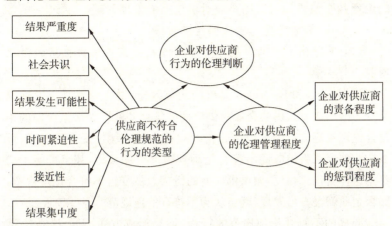

图 4-4 供应商不符合伦理规范行为的类型与企业对供应商的伦理管理

4.4 供应商不符合伦理规范行为的特质与企业对供应商的伦理管理

　　根据上节中层次分析的结果,由于不同类型的供应商不符合伦理规范行为的道德强度不同,供应商不符合伦理规范行为的类型会影响企业对供应商的伦理管理。本节将探讨在有限道德的制约下,供应商不符合伦理规范行为的特质如何通过企业对供应商行为的伦理判断影响企业对供应商的伦理管理程度。

　　在有限道德的制约下,企业供应商伦理管理的失效有两种原因:一种是由于企业决策者本身的内隐偏差,决策者没能对供应商不符合伦理规范的行为做出准确的判断,进而导致企业没有对供应商进行及时的伦理管理,如供应商不符合伦理规范行为的形成方式、不符合伦理规范行为结果的好坏、不符合伦理规范行为的对象是否确定等都会影响企业决策者的伦理判断;另一种是企业决策者利用社会公众间接损害偏差与不作为偏差,故意无视供应商的不符合伦理规范的行为、甚至诱导供应商从事不符合伦理规范的行为。本节将探讨由于决策者本身的有限道德导致的对供应商伦理判断的偏差对供应商伦理管理的影响。下节将探讨社会公众的伦理判断偏差如何影响企业对供应商的伦理管理。

4.4.1 滑坡效应与供应商伦理管理

（1）不符合伦理规范行为的形成方式与企业对供应商的伦理判断

根据 Gino 和 Bazerman 提出的滑坡效应，供应商不符合伦理规范行为的形成方式影响企业对供应商的伦理判断。如果供应商的不符合伦理规范的行为是由符合伦理规范的行为缓慢变化而形成，那么企业就会认为供应商不符合伦理规范的程度较轻，甚至可能不会察觉这种变化。相反，如果供应商的行为忽然变得不符合伦理规范，那么企业就很容易发现，就会认为不符合伦理规范的程度较重。

同样的不符合伦理规范的行为，如果形成方式不同，企业决策者的伦理判断也会不同。在"渐变"的方式下，企业对供应商不符合伦理规范行为的伦理判断会产生滑坡效应。而且这种偏差是内隐的，潜意识的，企业决策者不会意识到。据此，本书提出如下假设 1A,1B,1C。

假设 1A：供应商不符合伦理规范行为的形成方式影响企业对供应商的伦理判断。

假设 1B：如果供应商不符合伦理规范的行为是"渐变"而成，那么企业决策者认为不符合伦理规范的程度较轻。

假设 1C：如果供应商不符合伦理规范的行为是"突变"而成，那么企业决策者认为不符合伦理规范的程度较重。

（2）形成方式、伦理判断与企业对供应商的伦理管理

对行为人的伦理判断决定了对行为人的责备与惩罚程度。心理学与哲学的研究都指出，人们根据行为结果判断行为的伦理程度，然后根据伦理判断决定是否责备或惩罚行为人。[①] 营销学的研究也指出，伦理因素是消费者评价企业的一个重要因素，并且影响

---

① Goldberg，Lerner，Tetlock. Rage and Reason：The Psychology of Intuitive Prosecutor. *European Journal of Social Psychology*，1999(29):781—795.

消费者的购买行为。Creyer 和 Ross 研究认为消费者会通过购买企业的产品来奖励企业的伦理行为。同样伦理判断也影响企业的供应商伦理管理。

供应商不符合伦理规范行为的形成方式影响企业对供应商的伦理判断,企业对供应商的伦理判断又影响企业对供应商的伦理管理。企业对供应商行为的伦理判断是中介变量,对供应商不符合伦理规范行为的形成方式与企业供应商伦理管理之间的关系具有中介作用。本书用企业对供应商的责备或惩罚程度来衡量企业对供应商伦理管理的程度。如果供应商不符合伦理规范的行为是由符合伦理规范的行为"渐变"而成,那么企业认为供应商不符合伦理规范的程度较轻,对供应商的伦理管理程度也较轻,如果供应商不符合伦理规范的行为是"突然"而成,那么企业认为供应商不符合伦理规范的程度较重,对供应商的伦理管理程度也较重。如图 4-5 所示。

图 4-5　形成方式、伦理判断与伦理管理

据此,本书提出如下假设 1D。

假设 1D:伦理判断对行为形成方式与伦理管理程度之间的关系起着中介作用。

4.4.2　结果偏差与供应商伦理管理

(1) 不符合伦理规范行为结果好坏与企业对供应商的伦理判断

Gino,Moore 和 Bazerman 的研究认为,伦理判断中存在结果偏差。企业决策者在对供应商行为进行伦理判断时,同样会产生结果偏差。企业与供应商之间存在伦理距离（Ethical Distance），不容易观察到供应商的伦理决策过程，但是决策的后果比较容易察觉。因此供应商伦理决策的后果可能比决策本身更容易影响企业管理者的伦理判断。同样的行为，如果结果是坏的，相比于产生好结果的行为，企业会认为伦理水准更低。据此，本书提出如下假设2A，2B 和 2C。

假设 2A：供应商不符合伦理规范行为结果的危害程度影响企业对供应商行为的伦理判断。

假设 2B：如果供应商不符合伦理规范行为导致了坏结果，那么企业决策者认为不符合伦理规范的程度较重。

假设 2C：如果供应商不符合伦理规范行为没有导致坏结果，那么企业决策者认为不符合伦理规范的程度较轻。

（2）结果好坏、伦理判断与企业对供应商的伦理管理

企业通过观察供应商不符合伦理规范行为的结果，对供应商做出伦理判断，如果结果的危害性明显，企业则会责备供应商并对供应商进行惩罚；如果结果的危害性不明显，企业则不会发现供应商行为的不道德性，因而不会对供应商做出相应的管理。因此，本书提出如下的假设 2D。

假设 2D：伦理判断对结果好坏与伦理管理程度之间关系起着中介作用。

企业对供应商的伦理判断是中介变量，供应商不符合伦理规范行为结果的好坏对企业对供应商的伦理管理程度的影响通过企业对供应商的伦理判断来实现，如图 4-6 所示。

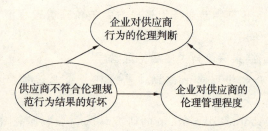

图 4-6　不符合伦理规范行为的结果、伦理判断与伦理管理

4.4.3 确定效应与供应商伦理管理

在供应商伦理管理中,通常供应商都是确定的。但是,供应商不符合伦理规范行为的受害对象是否确定会影响企业的伦理判断,进而影响企业对供应商的伦理管理。因此,本研究中只探讨受害对象是否确定对供应商伦理管理的影响,不探讨做坏事者确定效应,即不研究实施不符合伦理规范行为的供应商是否确定对企业供应商伦理管理的影响。

(1) 不符合伦理规范行为受害对象是否确定与企业对供应商的伦理判断

供应商不符合伦理规范行为的受害对象有时可以确定,但在很多情况下受害对象不确定。如供应商排放未达到排污标准的废气,其直接的受害对象是供应商附近的居民,间接的受害对象是整个人类,此时受害对象就不确定;供应商要求员工加班,只支付很少加班费,此时受害对象就是一群人;供应商在食品原料中添加对人体有害的添加剂,受害对象也是不确定的消费者。当供应商不符合伦理规范行为的受害对象不确定时,企业对供应商的伦理判断就会产生偏差,就会低估供应商不符合伦理规范的程度。因此本书提出如下假设 3A,3B,3C。

假设 3A:供应商不符合伦理规范行为的受害对象是否确定影响企业对供应商行为的伦理判断。

假设 3B:如果供应商不符合伦理规范行为的受害对象确定,那么企业决策者认为不符合伦理规范的程度较重。

假设 3C:如果供应商不符合伦理规范行为的受害对象不确定,那么企业决策者认为不符合伦理规范的程度较轻。

(2) 受害对象是否确定、伦理判断与企业对供应商的伦理管理

供应商行为受害对象是否确定影响企业对供应商的伦理判断,进而也会影响企业对供应商的伦理管理程度。如果受害对象可以确定,企业对供应商的责备或惩罚力度较大;如果受害对象不确定,企业对供应商的责备或惩罚力度较小。因此,本书提出如下的假设 3D。

假设 3D：伦理判断对受害对象是否确定与伦理管理程度之间的关系起着中介作用。

企业对供应商的伦理判断是中介变量，对供应商不符合伦理规范行为的受害对象是否确定与企业对供应商的与伦理管理程度之间的关系具有中介作用，如图 4-7 所示。

图 4-7 不符合伦理规范行为的受害对象是否确定、伦理判断与伦理管理

4.5 企业不符合伦理规范行为的转嫁

根据上节的分析可知，供应商不符合伦理规范行为的特质会影响企业对供应商的伦理判断，致使企业在伦理判断中出现滑坡效应、结果偏差、确定效应等系统性偏差。这些系统性偏差导致企业无法发现供应商的不道德行为，或认为供应商的不符合伦理规范行为的后果没那么严重，因而造成企业没有及时阻止供应商的不符合伦理规范的行为。

此外，在利润的驱使下或竞争的压力下，企业有时会故意无视供应商的不符合伦理规范的行为，甚至故意向供应商转嫁不道德行为。人们对导致间接损害的行为人比对直接导致损害的行为人要宽容很多，对不作为产生的损害比作为产生的损害要宽容得多，即人们的伦理判断存在间接损害偏差与不作为偏差。有时企业为了降低成本，或为了更多的利润，利用社会公众与媒体的上述认知偏差，自己不从事不符合伦理规范的行为，却有意向供应商转嫁不道德行为。在这种情况下，企业对供应商的不符合伦理规范的行为当然会视而不见，即存在故意视盲。

4.5.1　间接损害偏差与企业不符合伦理规范行为的转嫁

Paharia,Kassam,Greene 和 Bazerman 指出如果不符合伦理规范的行为是通过他人实施的,那么与自己直接实施不符合伦理规范的行为相比,得到的负面评价要轻得多。那些强势的人想要从事不道德的行为,往往都不是自己亲自执行,而是通过他人间接实施,自己很少直接与受害人接触。歹徒有幕后指使者,CEO 有副总裁、律师与会计师。这些强势的人通过不同程度的授意或指使或控制间接代理人(Indirect Agency),间接实施不道德的行为。

通过他人间接实施不道德行为可以隐藏导致了损害的事实,隐藏造成损害的主观故意,隐藏对损害程度的控制性。即使存在明显的主观故意性,我们往往也不会要求个人或企业对间接的不符合伦理规范的行为负责。如果社会公众与媒体不去谴责那些把不符合伦理规范的行为转嫁给他人的企业,那么企业就会有强烈的动机去转移那些"肮脏"的行为。

如果他人的不道德行为对自己有利,人们就会原谅别人,而且有时还会主动授意他人替自己从事不符合伦理规范的行为。公众与媒体却常常对这种通过他人从事不符合伦理规范行为的企业持包容的态度。企业有时就会利用社会公众与媒体的这种认知偏差,故意无视供应商的不符合伦理规范的行为。另外,企业担心自身的声誉受到损害,很可能会利用间接损害偏差,向供应商转嫁不符合伦理规范的行为。例如,企业很想通过血汗工厂降低成本,却担心受到公众的责备,于是把一些零部件的生产剥离出去,向供应商购买。这样企业通过压低价格迫使供应商采用血汗工厂。据此,本书提出如下假设 4。

假设 4:直接损害与间接损害相比,即使这两种损害的程度相同,社会公众仍然认为前者比后者更严重。

企业自身不符合伦理规范行为导致的直接损害与企业通过供应商实施的不符合伦理规范的行为导致的间接损害相比,即使这两种损害的程度相同,甚至在直接损害比间接损害程度轻的情况下,社会公众仍然认为前者比后者更严重。

4.5.2 不作为偏差与企业不符合伦理规范行为的转嫁

即使引起损害的程度相同，人们也会认为作为比不作为更不道德。企业如果自己实施不符合伦理规范的行为，引起了损害，那么社会公众与媒体绝不会宽恕。而如果是供应商实施不符合伦理规范的行为，由于企业没有及时阻止，也引起了同样程度的损害，社会公众与媒体也会责备企业，但程度要轻，或者还会原谅企业的不作为。

由于社会公众与媒体的伦理判断存在不作为偏差，企业就会利用这种偏差，在供应商从事不符合伦理规范的行为时，企业即使已经发现，也会由于自身的利益考虑，对供应商的不符合伦理规范的行为视而不见，即产生故意视盲。或者，在利润驱使或竞争压力下，企业会将不道德行为转嫁给供应商。例如，企业很想直接把污水排放到附近河流，减少污水处理成本，但出于自己的声誉考虑不想这样做，于是就把这种产生污染的生产线卖给了供应商，向供应商采购半成品。在采购的过程中，把价格压得很低，供应商为了生存，不得不减少污染处理设备，直接排放污水。企业对供应商排放污水的不道德行为就会视而不见。在这两种情况下，一种是企业自己排污，一种是供应商排污，企业没有阻止，前者是作为，或者是不作为，但得到的评价是前者更不道德。所以，企业有时会向供应商转嫁不道德行为。据此，本书提出如下的假设5。

假设5：企业因作为导致的损害与因不作为导致的损害相比，即使这两种损害的程度相同，社会公众仍然认为前者比后者更严重。

本章构建了基于有限道德的供应商伦理管理模型：在有限道德的制约下，不同的伦理问题有着不同的类型及道德强度，人们对它们的关注程度也不同，因此供应商不符合伦理规范行为的类型会影响企业的伦理判断与伦理管理；由于企业决策者的有限道德，因此供应商不符合伦理规范行为的特质（形成方式、结果好坏和受害对象是否确定）会影响企业对供应商行为的伦理判断，进而影响企业对供应商的伦理管理程度,伦理判断对行为特质与伦理管理之间的关系起到中介作用;由于社会公众的有限道德,对企业行为的伦理判断会产生间接损害偏差及不作为偏差,因而企业会因这种偏差故意无视供应商的不符合伦理规范行为或主动向供应商转嫁不道德行为。

本章在构建了基于有限道德的供应商伦理管理决策的一般模型的基础上,用层次分析法探讨不同类型的供应商不符合伦理规范行为的道德强度的轻重,结果表明各类型的伦理问题的道德强度的权重排序为:安全>环境>人权>慈善>多样性。然后分析了有限道德的行为个体的伦理判断偏差对供应商伦理管理的影响,并提出了具体的假设,如表 4-3 所示。

表 4-3 研究假设汇总

假　　设	内　　容
假设 1A:	供应商不符合伦理规范行为的形成方式影响企业对供应商的伦理判断。
假设 1B:	如果供应商不符合伦理规范的行为是"渐变"而成,那么企业决策者认为不符合伦理规范的程度较轻。
假设 1C:	如果供应商不符合伦理规范的行为是"突变"而成,那么企业决策者认为不符合伦理规范的程度较重。
假设 1D:	伦理判断对行为形成方式与伦理管理程度之间的关系起着中介作用。
假设 2A:	供应商不符合伦理规范行为结果的危害程度影响企业对供应商行为的伦理判断。
假设 2B:	如果供应商不符合伦理规范行为导致了坏结果,那么企业决策者认为不符合伦理规范的程度较重。
假设 2C:	如果供应商不符合伦理规范行为没有导致坏结果,那么企业决策者认为不符合伦理规范的程度较轻。
假设 2D:	伦理判断对结果好坏与伦理管理程度之间关系起着中介作用。
假设 3A:	供应商不符合伦理规范行为的受害对象是否确定影响企业对供应商行为的伦理判断。

假　设	内　容
假设 3B：	如果供应商不符合伦理规范行为的受害对象确定,那么企业决策者认为不符合伦理规范的程度较重。
假设 3C：	如果供应商不符合伦理规范行为的受害对象不确定,那么企业决策者认为不符合伦理规范的程度较轻。
假设 3D：	伦理判断对受害对象是否确定与伦理管理程度之间的关系起着中介作用。
假设 4：	直接损害与间接损害相比,即使这两种损害的程度相同,社会公众仍然认为前者比后者更严重。
假设 5：	企业因作为导致的损害与因不作为导致的损害相比,即使这两种损害的程度相同,社会公众仍然认为前者比后者更严重。

5 实验研究

本章将设计实验来验证在有限道德的制约下,供应商不符合伦理规范行为的类型及行为的特质对企业对供应商伦理判断及供应商伦理管理的影响。由于企业决策者具有有限道德,对供应商的伦理判断会存在多种偏差,导致供应商伦理管理的失效。另外,企业还会利用社会公众的伦理判断偏差,故意无视供应商的不符合伦理规范的行为,甚至向供应商转嫁不符合伦理规范的行为,本章的五个实验设计就是为了验证有限道德与供应商伦理管理之间的关系以及伦理判断的中介作用。此外,每个实验都涉及三个场景(人权、环境与安全),采用两因素混合设计,一个因素为行为类型,一个因素为行为特质,所以在验证伦理偏差的同时也验证了不符合伦理规范行为类型对供应商伦理管理的影响。

5.1 实验一:滑坡效应与供应商伦理管理的实验

实验一的目的是检验滑坡效应对企业供应商伦理管理的影响,即如果供应商不符合伦理规范的行为是由符合伦理规范的行为"渐变"而成,则企业管理者认为不符合伦理规范程度较轻,对供应商的伦理管理程度也较轻;而如果供应商不符合伦理规范行为是"突变"而成,则企业管理者认为供应商不符合伦理规范程度较重,对供应商的伦理管理程度也较重。

5.1.1 实验设计

(1) 实验目的

实验一的目的在于验证假设 1A,1B,1C 与 1D:供应商不符合伦理规范行为的形成方式影响企业对供应商的伦理判断,如果供应商不符合伦理规范的行为是由符合伦理规范的行为"渐变"而成,那么企业决策者认为不符合伦理规范的程度较轻,如果供应商不符合伦理规范的行为是"突然"形成的,那么企业决策者认为不符合伦理规范的程度较重;企业对供应商行为的伦理判断对供应商不符合伦理规范行为的形成方式与企业对供应商伦理管理程度之间的关系具有中介作用。

(2)被试者

实验一主要验证供应商不符合伦理规范行为的形成方式与对企业伦理判断与企业对供应商的责备及惩罚程度的影响,需要被试者对供应商伦理管理有一些了解。所以,本研究的被试选自具有较高专业素养的 MBA 及企业管理专业的硕士生,这些被试来自南京大学及江苏大学。共有 120 人参加了实验,其中男性 68 人,年龄从 23 岁到 42 岁,平均年龄 28.2 岁。

(3)实验方法

实验一的设计参照 Gino 和 Bazerman 的研究。为了验证"突变"与"渐变"影响人们的判断,Gino 和 Bazerman 实验中模拟场景是让被试判断他人是否高估了瓶中硬币的数量。在"渐变"的情形中,他人对瓶中硬币的高估程度是分四次增加的,而在"突变"的情形中,他人对瓶中硬币高估的程度是一次形成的。试验中,被试被随机分配到"渐变"与"突变"两个情形中,根据两组被试对两种情形下的伦理判断的差异来验证伦理判断中的滑坡效应。

实验一采用两因素混合设计,即一个因素是被试间因素,一个因素是被试内因素。实验一中,"供应商不符合伦理规范行为的形成方式"为被试间因素,"不符合伦理规范行为的类型"为被试内因素。设被试内因素为 A,有三个水平,分别为"人权""环境"与"安全"。[①] 设被间因素为 B,有两个水平,分别为"渐变"与"突变"。

实验一设计了三种不符合伦理规范的行为的模拟场景,并把

---

① 供应商伦理问题涉及人权、环境、安全、多样化与慈善五个方面,因多样化与慈善活动基本都是产生好的结果,因此本实验中只设计人权、环境与安全三种模拟场景。

每种不符合伦理规范的行为描述成"渐变"与"突变"两种情形,如表 5-1 所示。

表 5-1 滑坡效应与供应商伦理管理的实验场景

场景	渐变	突变
人权——血汗工厂（只付很少加班费）	第一周:供应商要求员工下班后加班 10 分钟。 第二周:供应商要求员工的加班时间延长了 10 分钟。 第三周:供应商要求员工的加班时间又延长了 10 分钟。 第四周:供应商要求员工的加班时间又延长了 10 分钟。 第五周:供应商要求员工的加班时间又延长了 10 分钟。 第六周:供应商要求员工的加班时间又延长了 10 分钟。	第六周:供应商要求员工下班后加班 1 小时。
环境——废物排放（减少 10 分钟的处理对环境的影响不明显,但减少 1 小时的处理会对环境造成严重影响）	第一周:供应商污水处理时间减少了 10 分钟。 第二周:供应商污水处理时间又减少了 10 分钟。 第三周:供应商污水处理时间又减少了 10 分钟。 第四周:供应商污水处理时间又减少了 10 分钟。 第五周:供应商污水处理时间又减少了 10 分钟。 第六周:供应商污水处理时间又减少了 10 分钟。	第六周:供应商污水处理时间减少了 1 小时。
安全——添加化学物品（5 毫克以内不会对人体产生危害,超过 5 毫克会对人体产生危害）	第一周:供应商在原料中添加了某化学物 1 毫克。 第二周:供应商在原料中添加的某化学物增加了 1 毫克。 第三周:供应商在原料中添加的某化学物又增加了 1 毫克。 第四周:供应商在原料中添加的某化学物又增加了 1 毫克。 第五周:供应商在原料中添加的某化学物又增加了 1 毫克。 第六周:供应商在原料中添加的某化学物又增加了 1 毫克。	第六周:供应商在原料中添加了某化学物 6 毫克。

被试者被随机指派到"渐变"与"突变"两种情形,一半被试阅读到的三个供应商不符合伦理规范行为都是"渐变"而成,另一半被试阅读到的三个供应商不符合伦理规范行为都是"突变"而成。每个被试者都要求对三个模拟场景中的供应商行为进行伦理判断,并表明其对供应商的责备与惩罚程度。这种两因素混合设计的被试指派方式如表 5-2 所示。

表 5-2　滑坡效应与供应商伦理管理实验的被试指派方式

受试对象	行为形成方式 （B 因素）	不符合伦理规范行为的类型（A 因素）		
		人权	环境	安全
1	"渐变"方式			
2				
⋮				
n				
$n+1$	"突变"方式			
$n+2$				
⋮				
$2n$				

被指派到"渐变"组的被试者,需经过六次的询问,每周一次,共六周,每周阅读到的模拟场景如表 5-1 中"渐变"一栏所示。被指派到"突变"组的被试只需第六周进行一次询问。具体的实验场景见附录 2。被试在阅读完模拟情境后,采用 Likert 七级量表对以下三个选项进行 1 分到 7 分的评价:① 场景所描述的供应商行为的不符合伦理规范的程度;② 对所描述的供应商不符合伦理规范行为做出惩罚的严厉程度;③ 对所描述的供应商不符合伦理规范行为责备的程度。

对于"渐变"组的被试者的六组数据,采用第六周的数据与"突变"组的被试者的数据进行比较,以此检验本书的假设。

5.1.2 实验结果的方差分析

① 行为形成方式、行为类型与伦理判断

（1）检验假设

如表 5-3 所示，实验一检验假设供应商不符合伦理规范行为的形成方式与行为类型对企业对供应商的伦理判断产生作用。

表 5-3　行为形成方式、行为类型与伦理判断研究的检验假设

无效假设（H_0）	被择假设（H_1）
1. 三种类型的供应商不符合伦理规范行为下的企业对供应商的伦理判断评分的总体均数相等，供应商的行为类型对企业对供应商的伦理判断没有作用。	1. 三种类型的供应商不符合伦理规范行为下的企业对供应商的伦理判断评分的总体均数不相等，供应商的行为类型对企业对供应商的伦理判断产生作用。
2. 在"渐变"与"突变"方式下，企业对供应商的伦理判断评分的总体均数相等，供应商行为形成方式对企业对供应商的伦理判断没有作用。	2. 在"渐变"与"突变"方式下，企业对供应商的伦理判断评分的总体均数不相等，供应商行为形成方式对企业对供应商的伦理判断产生作用。
3. 供应商不符合伦理规范行为的形成方式与行为类型之间的交互作用不显著。	3. 供应商不符合伦理规范行为的形成方式与行为类型之间的交互作用显著。

② 不同行为形成方式、不同行为类型下伦理判断的描述性分析

表 5-4 中数据表明了在"渐变"与"突变"方式下，三种供应商不符合伦理规范行为下企业对供应商伦理判断的均值、标准差和样本人数。

表 5-4　行为形成方式、不同行为类型下伦理判断评分的描述统计结果

行为类型	行为形成方式	均值	标准差	样本数
	突变	4.2157	1.22170	51
人权	渐变	3.6275	1.46916	51
	总体	3.9216	1.37651	102

续表

行为类型	行为形成方式	均值	标准差	样本数
	突变	5.9216	0.91309	51
环境	渐变	4.8627	1.24931	51
	总体	5.3922	1.21180	102
	突变	6.7059	0.60973	51
安全	渐变	5.6667	1.35154	51
	总体	6.1863	1.16662	102

③ 行为形成方式、不同行为类型对伦理判断影响的直观图

以伦理判断评分的均值做线图，得到"渐变"与"突变"对伦理判断的交互效应示意图，如图 5-1 所示。

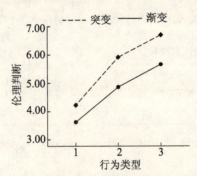

图 5-1 行为形成方式不同的情形下三种类型的伦理判断评分均值变化的趋势

图 5-1 中，"渐变"与"突变"的两条线几乎平行，说明交互作用不显著。从中还可以看出三种行为类型下"突变"都高于"渐变"，说明"行为形成方式"的对伦理判断的主效应显著。此外，"渐变"与"突变"两种情况下，类型 3（安全）均高于类型 2（环境），类型 2（环境）又均高于类型 1（人权），这说明供应商不符合伦理规范行为的"类型"对伦理判断的主效应显著。

④ 行为形成方式、行为类型对伦理判断的交互作用

根据两因素混合设计的方差分析的内容与检验统计公式,应用 SPSS 软件进行方差分析,探讨供应商不符合伦理规范行为的形成方式、不符合伦理规范行为的类型对企业对供应商伦理判断的影响,结果如表 5-5 所示。

表 5-5　行为形成方式、行为类型与伦理判断的方差分析表

来源	平方和	自由度	均方	F 值	P 值
A(行为类型)	269.353	1.812	148.651	190.088	0.000
AB(交互效应)	3.614	1.812	1.995	2.551	0.086
E(A)	141.699	181.198	0.782		
B(行为形成方式)	61.337	1.000	61.337	22.676	0.000
E(B)	270.497	100.000	2.705		
总和	746.500	285.822			

球对称检验(Mauchly's Test of Sphericity)结果显示近似卡方值(Approx Chi-Square)为 0.896,P 为 0.004,小于 0.05,不满足球形假设,需用 ε 校正系数来校正自由度。可以采用 Greenhouse-Geisser,Huynh-Feldt,Lower-bound 三种 ε 校正系数,其中前者较常用。本试验中,$P=0.004$,故采用 Greenhouse-Geisser 校正的结果。表 5-5 中"行为类型"的主效应和交互效应的检验采用 Greenhouse-Geisser 结果。

从表 5-5 中可以看出,"供应商不符合伦理规范的行为类型"对企业对供应商的伦理判断的主效应,"供应商不符合伦理规范行为的形成方式"对企业对供应商的伦理判断的主效应显著,"供应商不符合伦理规范的行为类型"与"供应商不符合伦理规范行为的形成方式"的交互作用不显著。

⑤ 不同行为类型下伦理判断的多重比较

表 5-6　不同行为类型下伦理判断的多重比较（实验一）

（I）行为 类型	（J）行为 类型	均值差 （I−J）	标准 误差	显著性 水平	95% 置信区间	
					下限	上限
1（人权）	2（环境）	−1.471*	0.124	0.000	−1.717	−1.224
	3（安全）	−2.265*	0.129	0.000	−2.521	−2.008
2（环境）	1（人权）	1.471*	0.124	0.000	1.224	1.717
	3（安全）	−0.794*	0.097	0.000	−0.987	−0.601
3（安全）	1（人权）	2.265*	0.129	0.000	2.008	2.521
	2（环境）	0.794*	0.097	0.000	0.601	0.987

注：* The mean difference is significant at the 0.05 level.

根据表 5-6 可知，供应商不符合伦理规范行为的类型不同会影响企业对供应商的伦理判断。被试对安全问题的伦理判断评分最高，比环境问题平均高 0.794，比人权问题平均高 2.265。实验一的结果表明人们认为安全问题最严重，其次是环境问题，然后是人权问题，这与第四章第三节中层次分析的结果相一致。

（2）行为形成方式、行为类型与伦理管理

① 检验假设

如表 5-7 所示，实验一假设供应商不符合伦理规范行为的形成方式与行为类型对企业对供应商的伦理管理程度产生作用。

表 5-7　行为形成方式不同的情形下行为类型
与伦理管理程度研究的检验假设

无效假设（H_0）	被择假设（H_1）
1. 三种类型的供应商不符合伦理规范行为下的企业对供应商的管理程度评分的总体均数相等，供应商的行为类型对企业对供应商的伦理管理程度没有作用。	1. 三种类型的供应商不符合伦理规范行为下的企业对供应商的管理程度评分的总体均数不相等，供应商的行为类型对企业对供应商的伦理管理程度产生作用。

续表

无效假设（H_0）	被择假设（H_1）
2. "渐变"与"突变"方式下,企业对供应商的管理程度评分的总体均数相等,供应商行为形成方式对企业对供应商的伦理管理程度没有作用。	2. "渐变"与"突变"方式下,企业对供应商的管理程度评分的总体均数不相等,供应商行为形成方式对企业对供应商的伦理管理程度产生作用。
3. 供应商不符合伦理规范行为的形成方式与行为类型之间的交互作用不显著。	3. 供应商不符合伦理规范行为的形成方式与行为类型之间的交互作用显著。

② 行为形成方式不同的情形下不同行为类型下伦理管理的描述性分析

以企业对供应商伦理责备与伦理惩罚程度的平均值衡量企业对供应商的伦理管理程度。表 5-8 中数据表明了"渐变"与"突变"方式下,三种供应商不符合伦理规范行为下企业对供应商伦理管理程度的均值、标准差和样本人数。

表 5-8　行为形成方式、不同行为类型下伦理管理评分的描述统计结果

行为类型	行为形成方式	均值	标准差	样本数
人权	突变	3.6765	1.21583	51
	渐变	3.2255	1.28574	51
	总体	3.4510	1.26552	102
环境	突变	5.5196	1.03904	51
	渐变	4.5588	1.44100	51
	总体	5.0392	1.33995	102
安全	突变	6.4706	0.75771	51
	渐变	5.2157	1.40803	51
	总体	5.8431	1.28968	102

③ 行为形成方式不同的情形下不同行为类型对伦理管理影响的直观图

以伦理管理评分的均值做线图,得到"渐变"与"突变"对伦理管理的交互效应示意图,如图 5-2 所示。

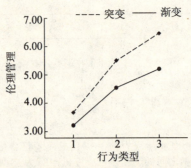

图 5-2　行为形成方式不同的情形下三种类型的伦理管理评分均值变化的趋势

　　图 5-2 中,"渐变"与"突变"的两条线之间的距离越来越大,说明存在交互作用。从图 5-2 中还可以看出三种行为类型下"突变"都高于"渐变",说明"行为形成方式"的对伦理管理的主效应显著。此外,"渐变"与"突变"两种情况下,类型 3(安全)均高于类型 2(环境),类型 2(环境)又均高于类型 1(人权),这说明供应商不符合伦理规范行为的"类型"对伦理管理的主效应显著。

　　④ 行为形成方式、行为类型对伦理管理的交互作用

　　用责备程度与惩罚程度的平均值衡量企业对供应商伦理管理的程度,根据两因素混合设计的方差分析的内容与检验统计公式,应用 SPSS 软件进行方差分析,探讨供应商不符合伦理规范行为的形成方式,不符合伦理规范行为的类型对企业对供应商伦理管理的影响,结果如表 5-9 所示。

　　球对称检验(Mauchly's Test of Sphericity)结果显示近似卡方值(Approx Chi-Square)为 0.819,P 为 0.000,小于 0.05,不满足球形假设,需用 ε 校正系数来校正自由度。可以采用 Greenhouse-Geisser,Huynh-Feldt,Lower-bound 三种 ε 校正系数,其中前者较常用。本试验中 P=0.000,故采用 Greenhouse-Geisser 校正的结果。表 5-9 中"行为类型"的主效应和交互效应的检验采用 Greenhouse-Geisser 结果。

表 5-9 行为形成方式、行为类型与伦理管理的方差分析表

来源	平方和	自由度	均方	F 值	P 值
A(行为类型)	302.301	1.693	178.515	261.895	0.000
AB(交互效应)	8.438	1.693	4.983	7.310	0.002
E(A)	115.428	169.342	0.682		
B(行为形成方式)	60.444	1.000	60.444	18.497	0.000
E(B)	326.778	100.000	3.268		
总和	813.389	273.728			

从表 5-9 中可以看出,"供应商不符合伦理规范的行为类型"对企业对供应商的伦理管理的主效应显著,"供应商不符合伦理规范行为的形成方式"对企业对供应商的伦理管理的主效应显著,"供应商不符合伦理规范的行为类型"与"供应商不符合伦理规范行为的形成方式"的交互作用显著。

⑤ 不同行为类型下伦理管理的多重比较

根据表 5-10 可知,不同类型的供应商不符合伦理规范行为影响企业对供应商的伦理管理。被试对安全问题的伦理管理评分最高,比环境问题平均高 0.804,比人权问题平均高 2.392。实验一的结果表明人们认为安全问题最严重,其次是环境问题,然后是人权问题,这与第四章第三节中层次分析的结果相一致。

表 5-10 不同行为类型下伦理管理的多重比较(实验一)

(I) 行为类型	(J) 行为类型	均值差 (I−J)	标准误差	显著性水平	95% 置信区间	
					下限	上限
1 (人权)	2 (环境)	−1.588*	0.112	0.000	−1.811	−1.365
	3 (安全)	−2.392*	0.121	0.000	−2.633	−2.152
2 (环境)	1 (人权)	1.588*	0.112	0.000	1.365	1.811
	3 (安全)	−0.804*	0.082	0.000	−0.966	−0.642
3 (安全)	1 (人权)	2.392*	0.121	0.000	2.152	2.633
	2 (环境)	0.804*	0.082	0.000	0.642	0.966

注: * The mean difference is significant at the 0.05 level.

5.1.3 实验结果的中介效应分析

假设 1D 假定供应商不符合伦理规范行为的形成方式通过企业对供应商的伦理判断影响企业对供应商的责备与惩罚程度。也就是说,企业对供应商的伦理判断作为调节变量,调节供应商不符合伦理规范行为的形成方式与企业对供应商管理程度的关系。本书采用 Baron 和 Kenny(1986)以及温忠麟、张雷、侯杰泰和刘红云总结的中介效应检验程序对伦理判断的中介效应进行检验。

设不符合伦理规范行为的形成方式为自变量 X,"渐变"时 $X=1$,"突变"时 $X=0$,企业决策者对供应商不符合伦理规范行为的伦理判断作为中介变量 M,企业对供应商的伦理管理程度作为因变量 Y,依次做以下三个回归分析。

$$Y = xX + e_1 \qquad (5\text{-}1)$$
$$M = aX + e_2 \qquad (5\text{-}2)$$
$$Y = c'X + bM + e_3 \qquad (5\text{-}3)$$

用 SPSS 软件做回归分析,得出 c 的估计 $\hat{c}$,a,b,c' 的估计分别为 $\hat{a}$,$\hat{b}$,$\hat{c}'$,以及相应的标准误 s_a,s_b,s_c,如图 5-3 所示。

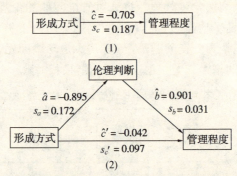

图 5-3 伦理判断对行为形成方式与伦理管理程度的中介效应

在第一个回归方程中,行为形成方式作为自变量,伦理管理程度作为因变量,回归分析表明二者具有显著的负向关系($c=-0.705$,$p=0.000$)。在第二个回归方程中,行为形成方式作为自变量,伦理判断作为因变量,回归分析表明二者具有显著的负向关系($a=-0.895$,$p=0.000$)。在第三个回归方程中,行为形成方式与伦理判断作为自变量,伦理管理程度作为因变量,回归分析表明伦理管理程度与伦理判断之间有显著的正向关系($b=0.901, p=0.000$),伦理管理程度与行为形成方式之间的关系不显著($c'=-0.042$, $p=0.668$)。

回归分析表明,系数 a, b, c 显著,而系数 c' 不显著,做 Sobel 检验,得到 $Z=-5.12, p<0.001$,所以伦理判断对行为形成方式与伦理管理程度之间的关系具有完全的中介效应,中介效应的绝对值 $\hat{a}\hat{b}=-0.806$,中介效应的相对值 $\dfrac{\hat{a}\hat{b}}{c'+\hat{a}\hat{b}}$,中介效应的相对值 $\dfrac{\hat{a}\hat{b}}{c'}=19.20$。

5.2 实验二:结果偏差与供应商伦理管理的实验

实验二为了验证企业管理者对供应商的伦理判断存在结果偏差,即如果供应商不符合伦理规范的行为产生了坏结果,那么企业决策者就会认为供应商不符合伦理规范的程度较重,对供应商责备与惩罚的程度也较重,而如果供应商不符合伦理规范的行为侥幸没有导致坏结果,那么企业决策者就会认为供应商不符合伦理规范的程度较轻,对供应商责备与惩罚的程度也较轻。本实验采用两因素混合设计的方差分析,供应商不符合伦理规范行为的结果为被试间因素,有两个水平,即好结果与坏结果,供应商不符合伦理规范行为的类型为被试内因素,有三个水平,即人权、环境与安全。通过方差分析,研究这两个因素对企业对供应商的伦理管理的影响。

5.2.1 实验设计

(1) 实验目的

实验二为了验证假设 2A,2B,2C 与 2D:供应商不符合伦理规范行为结果的危害程度影响企业对供应商行为的伦理判断;供应商不符合伦理规范行为结果的好坏通过企业对供应商的伦理判断影响企业对供应商的责备与惩罚程度。也就是说,企业管理者在判断供应商的伦理行为时,对于同样的供应商行为,会认为导致坏结果的行为比导致好结果的行为更不符合伦理规范;企业对供应商的伦理判断作为调节变量,调节供应商不符合伦理规范行为结果的好坏与企业对供应商的管理程度之间的关系。

（2）被试者

实验二主要验证供应商不符合伦理规范行为的结果与企业伦理判断及企业对供应商的伦理管理程度的影响,需要被试者对供应商伦理管理有一些了解。所以,本研究的被试选自具有较高专业素养企业管理专业高年级的本科生及硕士,这些被试来自南京大学和江苏大学。共有 94 人参加了实验,其中男性 45 人,女性 49人,年龄从 20 岁到 32 岁,平均年龄 24.2 岁。

（3）实验方法

实验二的设计参照了 Gino,Moore 和 Bazerman 的研究。为了验证不符合伦理规范行为的结果会影响人们的伦理判断,Gino,Moore 和 Bazerman 采用了三个模拟场景,分别为污水处理厂更新设备的场景、为灾民提供临时住房的场景与蓄水措施的场景,每个场景都分别描述成"好结果"与"坏结果"两种情形。被试被随机分配到两种情形中,根据两组被试对"好结果"与"坏结果"两种情形下的伦理判断的差异来验证伦理判断中的结果偏差。

实验二采用两因素混合设计,即一个因素是被试间因素,一个因素是被试内因素。实验二中,"不符合伦理规范行为的结果"为被试间因素,"不符合伦理规范行为的类型"为被试内因素。设被试内因素为 A,有三个水平,分别为"人权""环境""安全"。设被间因素为 B,有两个水平,分别为"好结果"与"坏结果"。

实验二对供应商的三种不符合伦理规范的行为都设计了模拟场景,并把每种供应商不符合伦理规范的行为描述成"好结果"与"坏结果"两种情形,如表 5-11 所示。

表 5-11   结果偏差与供应商伦理管理关系实验场景

场景	好结果	坏结果
人权——血汗工厂	供应商要求工人每个周末加班6个小时,体质好的员工不会有任何身体不适,体质差的员工可能会有不良反应。员工体质都很好,没有工人因此而产生身体不适。	供应商要求工人每个周末加班4个小时,体质好的员工不会有任何身体不适,体质差的员工可能会有不良反应。有员工体质较差,因疲劳而昏倒。
环境——废物排放	供应商向附近的河流偷排了10立方的污水,如果气温较高,则会导致河中的鱼死亡;如果气温不高,则不会有影响。今年气温不高,没有对河里的生物造成什么影响。	供应商向附近的河流排放了8立方的污水,如果夏天气温较高,则会导致河中的鱼死亡;如果气温不高,则不会有影响。今年夏天气温很高,导致河中的鱼大量死亡。
安全——添加有害物品	供应商在原料中添加了少量的化学物质,如果消费者大量食用,则会有不良反应;如果消费者正常食用,不会有不良反应。没有消费者大量食用,没有出现不良反应。	供应商在原料中添加了微量的化学物质,如果消费者大量食用,则会有不良反应;如果消费者正常食用,不会有不良反应。有消费者大量食用,出现了不良反应。

如表 5-11 所示,在好结果的情形中,不符合伦理规范或有问题的行为导致的是好结果,在坏结果的情形中,不符合伦理规范或有问题的行为导致的是坏结果。为了使实验结果更能说明问题,本研究把程度较轻的不符合伦理规范的行为与坏结果结合在一起,把程度较大的不符合伦理规范的行为与好结果联系在一起。也就是说,在好结果的情形中,供应商的行为不符合伦理规范的程度较重,但是行为结果是好的。而在坏结果的情形中,供应商的行为不符合伦理规范的程度轻一些,但行为的结果是坏的。

被试者被随机指派到两种情形,一种是好结果的情形,一种是坏结果的情形。每个被试者都要求阅读所有的三个模拟场景。这种两因素混合设计的被试指派方式如表 5-12 所示。

表 5-12　结果偏差与供应商伦理管理实验的被试指派方式

受试对象	行为结果（B 因素）	供应商不符合伦理规范行为的类型（A 因素）		
		人权	环境	安全
1	好结果			
2				
⋮				
n				
n+1	坏结果			
n+2				
⋮				
2n				

如表 5-12 所示,所有的被试被随机分成两组,其中一组阅读到的 3 个涉及伦理问题的场景都是好结果,另一组阅读到的 3 个涉及伦理问题的场景都是坏结果。

被试在阅读完模拟情境后,采用 Likert 七级量表对以下三个选项进行 1 分到 7 分的评价:① 所描述的供应商行为的不符合伦理规范的程度;② 对所描述的供应商不符合伦理规范行为做出惩罚的严厉程度;③ 对所描述的供应商不符合伦理规范行为责备的程度。

5.2.2　实验结果的方差分析

（1）行为结果好坏、行为类型与伦理判断

① 检验假设

如表 5-13 所示,实验二检验假设供应商不符合伦理规范行为的结果好坏与行为类型对企业对供应商的伦理判断产生作用。

表 5-13 行为结果好坏、行为类型与伦理判断研究的检验假设

无效假设（H_0）	被择假设（H_1）
1. 三种类型的供应商不符合伦理规范行为下的企业对供应商的伦理判断评分的总体均数相等，供应商的行为类型对企业对供应商的伦理判断没有作用。	1. 三种类型的供应商不符合伦理规范行为下的企业对供应商的伦理判断评分的总体均数不相等，供应商的行为类型对企业对供应商的伦理判断产生作用。
2. "好结果"与"坏结果"方式下，企业对供应商的伦理判断评分的总体均数相等，供应商行为结果好坏对企业对供应商的伦理判断没有作用。	2. "好结果"与"坏结果"方式下，企业对供应商的伦理判断评分的总体均数不相等，供应商行为结果好坏对企业对供应商的伦理判断产生作用。
3. 供应商不符合伦理规范行为的形成方式与行为类型之间的交互作用不显著。	3. 供应商不符合伦理规范行为的形成方式与行为类型之间的交互作用显著。

② 行为结果好坏、不同行为类型下伦理判断的描述性分析

表 5-14 中数据表明了"好结果"与"坏结果"方式下，三种供应商不符合伦理规范行为下企业对供应商伦理判断的均值、标准差和样本人数。

表 5-14 行为结果好坏、不同行为类型下伦理判断评分的描述统计结果

行为类型	行为形成方式	均值	标准差	样本数
	坏结果	5.1702	1.06972	47
人权	好结果	4.1702	1.34033	47
	总体	4.6702	1.30663	94
	坏结果	5.9362	0.79137	47
环境	好结果	5.4468	0.92803	47
	总体	5.6915	0.89234	94

续表

行为类型	行为形成方式	均值	标准差	样本数
	坏结果	6.7021	0.46227	47
安全	好结果	5.9787	0.89660	47
	总体	6.3404	0.79722	94

③ 行为结果好坏的情形下不同行为类型对伦理判断影响的直观图

以伦理判断评分的均值做线图,得图 5-4 所示的"好结果"与"坏结果"对伦理判断的交互效应示意图。

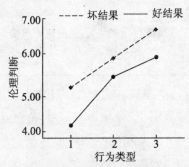

图 5-4　行为结果好坏不同的情形下三种类型的伦理判断评分均值变化的趋势

图 5-4 中,"好结果"与"坏结果"的两条线几乎平行,说明交互作用不太显著。从图 5-4 中还可以看出三种行为类型下"坏结果"的伦理判断评分都高于"好结果",说明"行为结果好坏"对伦理判断的主效应显著。此外,"好结果"与"坏结果"两种情况下,类型 3(安全)均高于类型 2(环境),类型 2(环境)又均高于类型 1(人权),这说明供应商不符合伦理规范行为的"类型"对伦理判断的主效应显著。

④ 行为结果好坏、行为类型对伦理判断的交互作用

根据两因素混合设计的方差分析的内容与检验统计公式,应用 SPSS 软件进行方差分析,探讨供应商不符合伦理规范行为的结

果好坏、不符合伦理规范行为的类型对企业对供应商伦理判断的影响,结果如表 5-15 所示。

球对称检验结果显著近似卡方值(Approx Chi-Square)为 29.452,P 为 0.000,小于 0.05,不满足球形假设,需用 ε 校正系数来校正自由度。可以采用 Greenhouse-Geisser,Huynh-Feldt,Lower-bound 三种 ε 校正系数,其前者较常用。本试验中 P = 0.000,故采用 Greenhouse-Geisser 校正的结果。表 5-15 中"行为类型"的主效应和交互效应的检验采用 Greenhouse-Geisser 结果。

表 5-15　行为结果好坏、行为类型与伦理判断的方差分析表

来源	平方和	自由度	均方	F 值	P 值
A(行为类型)	133.284	1.567	85.068	125.578	0.000
AB(交互效应)	3.071	1.567	1.960	2.893	0.071
E(A)	97.645	144.145	0.677		
B(行为结果好坏)	38.355	1.000	38.355	23.083	0.000
E(B)	152.865	92.000	1.662		
总和	425.22	240.279			

从表 5-15 中可以看出,"供应商不符合伦理规范的行为类型"对企业对供应商的伦理判断的主效应显著,"供应商不符合伦理规范行为的结果好坏"对企业对供应商的伦理判断的主效应显著,"供应商不符合伦理规范的行为类型"与"供应商不符合伦理规范行为的结果好坏"的交互作用不显著。

⑤ 不同行为类型下伦理判断的多重比较

根据表 5-16 可知,不同类型的供应商不符合伦理规范行为影响企业对供应商的伦理判断。被试对安全问题的伦理判断评分最高,比环境问题平均高 0.649,比人权问题平均高 1.670。实验二的结果表明人们认为安全问题最严重,其次是环境问题,然后是人权问题,这与第四章第三节中层次分析的结果相一致。

表 5-16　不同行为类型下伦理判断的多重比较(实验二)

(I)行为 类型	(J)行为 类型	均值差 (I-J)	标准误差	显著性 水平	95% 置信区间	
					下限	上限
1(人权)	2(环境)	-1.021*	0.107	0.000	-1.235	-0.808
	3(安全)	-1.670*	0.128	0.000	-1.924	-1.417
2(环境)	1(人权)	1.021*	0.107	0.000	0.808	1.235
	3(安全)	-0.649*	0.078	0.000	-0.803	-0.495
3(安全)	1(人权)	1.670*	0.128	0.000	1.417	1.924
	2(环境)	0.649*	0.078	0.000	0.495	0.803

注：* The mean difference is significant at the 0.05 level.

(2) 行为结果好坏、行为类型与伦理管理

① 检验假设

表 5-17　行为结果好坏、行为类型与伦理管理程度研究的检验假设

无效假设(H_0)	被择假设(H_1)
1. 三种类型的供应商不符合伦理规范行为下的企业对供应商的伦理管理程度评分的总体均数相等,供应商的行为类型对企业对供应商的伦理管理程度没有作用。	1. 三种类型的供应商不符合伦理规范行为下的企业对供应商的伦理管理程度评分的总体均数不相等,供应商的行为类型对企业对供应商的伦理管理程度产生作用。
2. 在"好结果"与"坏结果"方式下,企业对供应商的伦理管理程度评分的总体均数相等,供应商行为结果好坏对企业对供应商的伦理管理程度没有作用。	2. 在"好结果"与"坏结果"方式下,企业对供应商的伦理管理程度评分的总体均数不相等,供应商行为结果好坏对企业对供应商的伦理管理程度产生作用。
3. 供应商不符合伦理规范行为的形成方式与行为类型之间的交互作用不显著。	3. 供应商不符合伦理规范行为的形成方式与行为类型之间的交互作用显著。

如表 5-17 所示,实验二假设供应商不符合伦理规范行为的结果好坏与行为类型对企业对供应商的伦理管理程度产生作用。

② 行为结果好坏、不同行为类型下伦理管理的描述性分析

这里用责备程度与惩罚程度的平均值来衡量企业对供应商伦理管理的程度。表 5-18 中数据表明了"好结果"与"坏结果"方式下三种供应商不符合伦理规范行为下企业对供应商伦理管理的均值、标准差和样本人数。

表 5-18　行为结果好坏、不同行为类型下伦理管理评分的描述统计结果

行为类型	行为结果好坏	均值	标准差	样本数
人权	坏结果	4.7021	1.13568	47
	好结果	3.4043	1.15926	47
	总体	4.0532	1.31466	94
环境	坏结果	5.8298	0.92828	47
	好结果	4.7553	1.18813	47
	总体	5.2926	1.19003	94
安全	坏结果	6.6915	0.48402	47
	好结果	5.3723	1.12031	47
	总体	6.0319	1.08462	94

③ 行为结果好坏不同的情形下不同行为类型对伦理管理影响的直观图

这里以伦理管理评分的均值做线图,得到"好结果"与"坏结果"对伦理管理的交互效应示意图,如图 5-5 所示。

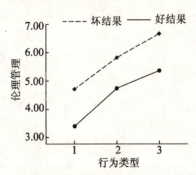

图 5-5　行为结果好坏不同的情形下三种类型的
伦理管理评分均值变化的趋势

图 5-5 中,"好结果"与"坏结果"的两条线几乎平行,说明交互

作用不显著。从图 5-5 中还可以看出三种行为类型下"坏结果"都高于"好结果",说明"行为结果好坏"对伦理管理的主效应显著。此外,"好结果"与"坏结果"两种情况下,类型 3(安全)均高于类型 2(环境),类型 2(环境)又均高于类型 1(人权),这说明供应商不符合伦理规范行为的"类型"对伦理管理的主效应显著。

④ 行为结果好坏、行为类型对伦理管理的交互作用

这里用责备程度与惩罚程度的平均值来衡量企业对供应商伦理管理的程度,根据两因素混合设计的方差分析的内容与检验统计公式,应用 SPSS 软件进行方差分析,探讨供应商不符合伦理规范行为的结果、不符合伦理规范行为的类型对企业对供应商伦理管理的影响,结果如表 5-19 所示。

球对称检验结果显示近似卡方值(Approx Chi-Square)为 20.053,P 为 0.000,小于 0.05,不满足球形假设,需用 ε 校正系数来校正自由度。可以采用 Greenhouse-Geisser,Huynh-Feldt,Lower-bound 三种 ε 校正系数,其中前者较常用。本试验中 $P = 0.000$,故采用 Greenhouse-Geisser 校正的结果。表 5-19 中"行为类型"的主效应和交互效应的检验采用 Greenhouse-Geisser 结果。

表 5-19 行为结果好坏、行为类型与伦理管理的方差分析表

来源	平方和	自由度	均方	F 值	P 值
A(行为类型)	187.938	1.670	112.554	199.047	0.000
AB(交互效应)	0.863	1.670	0.517	0.915	0.387
E(A)	86.865	184.000	0.472		
B(行为结果好坏)	106.746	1.000	106.746	47.358	0.000
E(B)	207.369	92.000	2.254		
总和	589.781	280.340			

从表 5-19 中可以看出,"供应商不符合伦理规范的行为类型"对企业对供应商的伦理管理的主效应显著,"供应商不符合伦理规范行为的结果好坏"对企业对供应商的伦理管理的主效应显著,

"供应商不符合伦理规范的行为类型"与"供应商不符合伦理规范行为的结果好坏"的交互作用不显著。

⑤ 不同行为类型下伦理管理的多重比较

根据表 5-20 可知,不同类型的供应商不符合伦理规范行为影响企业对供应商的伦理管理。被试对安全问题的伦理管理评分最高,比环境问题平均高 0.739,比人权问题平均高 1.979。实验二的结果表明人们认为安全问题最严重,其次是环境问题,然后是人权问题,这与第四章第三节中层次分析的结果相一致。

表 5-20　不同行为类型下伦理管理的多重比较(实验二)

(I) 行为类型	(J) 行为类型	均值差 (I−J)	标准误差	显著性水平	95% 置信区间	
					下限	上限
1 (人权)	2 (环境)	−1.239*	0.103	0.000	−1.443	−1.035
	3 (安全)	−1.979*	0.117	0.000	−2.211	−1.747
2 (环境)	1 (人权)	1.239*	0.103	0.000	1.035	1.443
	3 (安全)	−0.739*	0.077	0.000	−0.893	−0.586
3 (安全)	1 (人权)	1.979*	0.117	0.000	1.747	2.211
	2 (环境)	0.739*	0.077	0.000	0.586	0.893

注:*. The mean difference is significant at the .05 level.

5.2.3　实验结果的中介效应分析

假设 2D 假定供应商不符合伦理规范行为的结果好坏通过企业对供应商的伦理判断影响企业对供应商的责备与惩罚程度。也就是说,企业对供应商的伦理判断作为调节变量,调节供应商不符合伦理规范行为的结果好坏与企业对供应商伦理管理程度的关系。本书采用 Baron 和 Kenny 以及温忠麟、张雷、侯杰泰和刘红云总结的中介效应检验程序对伦理判断的中介效应进行检验。

设不符合伦理规范行为的结果好坏为自变量 X,"好结果"时 $X=1$,"坏结果"时 $X=0$,企业决策者对供应商不符合伦理规范行为的伦理判断作为中介变量 M,企业对供应商的伦理管理程度为因变量 Y,依次做以下三个回归分析。

$$Y = cX + e_1 \qquad\qquad (5-4)$$

$$M = aX + e_2 \qquad\qquad (5-5)$$

$$Y = c'X + bM + e_3 \qquad\qquad (5-6)$$

用 SPSS 软件做回归分析,得出 c 的估计 $\hat{c}$,a,b,c' 的估计 $\hat{a}$,$\hat{b}$,$\hat{c}'$,以及相应的标准误 s_a,s_b,s_c,如图 5-6 所示。

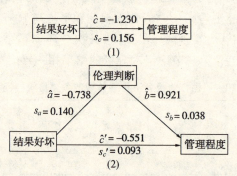

图 5-6 伦理判断对行为结果好坏与管理程度的中介效应

在第一个回归方程中,行为结果好坏作为自变量,伦理管理程度作为因变量,回归分析表明二者具有显著的负向关系($c = -1.230$,$p = 0.000$)。在第二个回归方程中,行为结果好坏作为自变量,伦理判断作为因变量,回归分析表明二者具有显著的负向关系($a = -738$,$p = 0.000$)。在第三个回归方程中,行为结果好坏与伦理判断作为自变量,伦理管理程度作为因变量,回归分析表明伦理管理程度与伦理判断之间有显著的正向关系($b = 0.921$,$p = 0.000$),伦理管理程度与行为结果好坏之间的关系显著($c' = -0.551$,$p = 0.000$)。

回归分析表明,系数 c 显著,系数 a,b 也显著,而系数 c' 也显著,做 Sobel 检验,$Z = -6.04$,$p < 0.001$,所以伦理判断对行为结果好坏与伦理管理程度之间的关系具有部分的中介效应,中介效应的绝对值 $\hat{a}\hat{b} = -0.68$,中介效应的相对值 $\dfrac{\hat{a}\hat{b}}{c' + \hat{a}\hat{b}} = 0.552$,中介效应的相对值 $\dfrac{\hat{a}\hat{b}}{c} = 1.234$。

5.3 实验三：受害对象确定效应与供应商伦理管理的实验

实验三的目的是验证供应商不符合伦理规范行为的受害对象是否确定对企业供应商伦理管理的影响，即如果供应商不符合伦理规范行为的受害对象确定，则企业管理者认为不符合伦理规范程度较重，对供应商的伦理管理程度也较重，而如果供应商不符合伦理规范行为的受害对象不确定，则企业管理者认为供应商不符合伦理规范程度较轻，对供应商的伦理管理程度也较轻。

5.3.1 实验设计

（1）实验目的

实验三为了验证假设 3A,3B,3C 与 3D:供应商不符合伦理规范行为的受害对象是否确定影响企业对供应商行为的伦理判断，如果供应商不符合伦理规范行为的受害对象确定，那么企业决策者认为不符合伦理规范的程度较重，如果供应商不符合伦理规范行为的受害对象不确定，那么企业决策者认为不符合伦理规范的程度较轻；供应商不符合伦理规范行为的受害对象是否确定通过企业对供应商的伦理判断影响企业对供应商的管理程度。

（2）被试者

实验三主要验证供应商不符合伦理规范行为的受害对象是否确定与伦理判断及企业对供应商的责备及惩罚程度的影响，需要被试者对供应商伦理管理有一些了解。所以，本研究的被试选自具有较高专业素养的 MBA、企业管理专业的硕士与博士研究生，这些被试来自南京大学或江苏大学。共有 88 人参加了实验，其中男性 51 人，年龄从 23 岁到 38 岁，平均年龄 28.3 岁。

（3）实验方法

实验三的设计参照 Gino,Shu 和 Bazerman 的研究。为了验证不符合伦理规范行为的受害对象确定与否影响人们的伦理判断，Gino,Shu 和 Bazerman 采用了两个模拟场景，分别为医疗场景与售楼场景，每个场景都描述成"受害对象确定"与"受害对象不确定"两种情形。在"确定"情形中,给出受害对象的姓名,在"不确定"情形中,受害对象被描述成某人,两种情形中除了人名外,没有其他差异。被试被随机分配到两种情形中,根据两组被试对"确定"与"不确定"两种情形下的伦理判断的差异来验证伦理判断中的受害对象确定性效应。

实验三采用两因素混合设计,即一个因素是被试间因素,一个因素是被试内因素。实验三中,"不符合伦理规范行为的受害对象是否确定"为被试间因素,"不符合伦理规范行为的类型"为被试内因素。设被试内因素为 A,有三个水平,分别为"人权""环境""安全"。设被间因素为 B,有两个水平,分别为"确定"与"不确定"。

实验三设计了三种不符合伦理规范的行为的模拟场景,并把每种供应商不符合伦理规范的行为描述成受害对象"确定"与"不确定"两种情形,如表 5-21 所示。

表 5-21　确定效应与供应商伦理管理关系实验场景

场景	受害对象不确定	受害对象确定
人权——血汗工厂	供应商每个周末要求员工加班,有员工因此而昏倒。	供应商每个周末要求员工加班,张春花因此而昏倒。
环境——废物排放	供应商向附近的水域排放了一些未加处理的污水。	供应商向张伟承租的水域中排放了一些未加处理的污水。
安全——添加有害物品	供应商在原料中添加了少量的某添加剂,有消费者出现了身体不适。	供应商在原料中添加了少量的某添加剂,导致顾晓明出现身体不适。

如表 5-21 所示,"确定"的情形中,供应商不符合伦理规范行为的受害对象可以确定,在"不确定"的情形中,供应商不符合伦理规范行为的受害对象不确定。

被试者被随机指派到"确定"与"不确定"两种情形,一半被试阅读到的三个供应商不符合伦理规范行为的受害对象都是"确定"的,另一半被试阅读到的三个供应商不符合伦理规范行为的受害对象都是"不确定"的。每个被试者都要求对三个模拟场景中的供应商行为进行伦理判断,并表明其对供应商的责备与惩罚程度。

这种两因素混合设计的被试指派方式如表 5-22 所示。

表 5-22　确定效应与供应商伦理管理实验的被试指派方式

受试对象	受害对象是否确定（B 因素）	供应商不符合伦理规范行为的类型（A 因素）		
		人权	环境	安全
1	受害对象确定			
2				
⋮				
n				
n+1	受害对象不确定			
n+2				
⋮				
2n				

如表 5-22 所示，所有的被试被随机分成两组，其中一组阅读到的三个涉及伦理问题的场景都是受害对象确定的情形，另一组阅读到的三个涉及伦理问题的场景都是受害对象不确定的情形。

被试在阅读完模拟情境后，采用 Likert 七级量表对以下三个选项进行 1 分到 7 分的评价：① 所描述的供应商行为的不符合伦理规范的程度；② 对所描述的供应商不符合伦理规范行为做出惩罚的严厉程度；③ 对所描述的供应商不符合伦理规范行为责备的程度。

5.3.2　实验结果的方差分析

（1）受害对象是否确定、行为类型与伦理判断

① 检验假设

如表 5-23 所示，实验三检验假设供应商不符合伦理规范行为的受害对象是否确定与行为类型对企业对供应商的伦理判断产生作用。

表 5-23　受害对象是否确定、行为类型与伦理判断研究的检验假设

无效假设（H_0）	被择假设（H_1）
1. 三种类型的供应商不符合伦理规范行为下的企业对供应商的伦理判断评分的总体均数相等，供应商的行为类型对企业对供应商的伦理判断没有作用。	1. 三种类型的供应商不符合伦理规范行为下的企业对供应商的伦理判断评分的总体均数不相等，供应商的行为类型对企业对供应商的伦理判断产生作用。
2. 受害对象"确定"与受害对象"不确定"的情形中，企业对供应商的伦理判断评分的总体均数相等，供应商行为的受害对象是否确定对企业对供应商的伦理判断没有作用。	2. 受害对象"确定"与受害对象"不确定"的情形中，企业对供应商的伦理判断评分的总体均数不相等，供应商行为的受害对象是否确定对企业对供应商的伦理判断产生作用。
3. 供应商不符合伦理规范的行为的受害对象确定与否与行为类型之间的交互作用不显著。	3. 供应商不符合伦理规范的行为的受害对象确定与否与行为类型之间的交互作用显著。

② 受害对象是否确定、不同行为类型下伦理判断的描述性分析

表 5-24 中数据表明了三种供应商不符合伦理规范行为下受害对象确定与不确定时企业对供应商伦理判断的均值、标准差和样本人数。

表 5-24　受害对象是否确定、不同行为类型下伦理判断评分的描述统计结果

行为类型	受害对象是否确定	均值	标准差	样本数
人权	确定	5.1364	1.40747	44
	不确定	4.6364	1.44819	44
	总体	4.8864	1.44184	88
环境	确定	6.0000	1.21999	44
	不确定	5.4773	1.30275	44
	总体	5.7386	1.28201	88

行为类型	受害对象是否确定	均值	标准差	样本数
	确定	6.4545	0.87483	44
安全	不确定	5.9545	1.21912	44
	总体	6.2045	1.08447	88

③ 受害对象是否确定的情形下不同行为类型对伦理判断影响的直观图

这里以伦理判断评分的均值做线图,得到"受害对象是否确定"与"行为类型"对伦理判断的交互效应示意图,如图5-7所示。

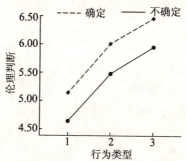

图 5-7　受害对象是否确定的情形下三种类型的伦理判断评分均值变化的趋势

图 5-7 中,"确定"与"不确定"的两条线几乎平行,说明二者交互作用不显著。从图 5-7 中还可以看出三种行为类型下"确定"都高于"不确定",说明"受害对象是否确定"的对伦理判断的主效应显著。此外,"确定"与"不确定"两种情况下,类型 3(安全)均高于类型 2(环境),类型 2(环境)又均高于类型 1(人权),这说明供应商不符合伦理规范行为的"类型"对伦理判断的主效应显著。

④ 受害对象是否确定的情形下行为类型对伦理判断的交互作用

根据两因素混合设计的方差分析的内容与检验统计公式,应用 SPSS 软件进行方差分析,探讨供应商不符合伦理规范行为的受害对象是否确定、不符合伦理规范行为的类型对企业对供应商伦理判断的影响,结果如表 5-25 所示。

球对称检验结果显示近似卡方值(Approx Chi-Square)为 5.364,P 为 0.068,大于 0.05,所以球形假设可以接受,无需校正,表 5-25 中"行为类型"的主效应和交互效应的检验采用 Sphericity Assumed 结果。

表 5-25　受害对象确定与否、行为类型与伦理判断的方差分析表

来源	平方和	自由度	均方	F 值	P 值
A(行为类型)	78.644	2	39.322	38.425	0.000
AB(交互效应)	0.008	2	0.004	0.004	0.996
E(A)	176.015	172	1.023		
B(受害对象确定与否)	17.004	1	17.004	6.272	0.014
E(B)	233.144	86	2.711		
总和	504.815	263			

从表 5-25 中可以看出,"供应商不符合伦理规范的行为类型"对企业对供应商的伦理判断的主效应显著,"供应商不符合伦理规范行为的受害对象是否确定"对企业对供应商的伦理判断的主效应显著,"供应商不符合伦理规范的行为类型"与"供应商不符合伦理规范行为的受害对象是否确定"的交互作用不显著。

⑤ 不同行为类型下伦理判断的多重比较

根据表 5-26 可知,不同类型的供应商不符合伦理规范行为影响企业对供应商的伦理判断。被试对安全问题的伦理判断评分最高,比环境问题平均高 0.466,比人权问题平均高 1.318。实验三的结果表明人们认为安全问题最严重,其次是环境问题,然后是人权问题,这与第四章第三节中层次分析的结果相一致。

表 5-26　不同行为类型下伦理判断的多重比较(实验三)

(I)行为类型	(J)行为类型	均值差(I−J)	标准误差	显著性水平	95%置信区间	
					下限	上限
1(人权)	2(环境)	−0.852*	0.140	0.000	−1.131	−0.573
	3(安全)	−1.318*	0.170	0.000	−1.656	−0.980

(I) 行为 类型	(J) 行为 类型	均值差 (I−J)	标准误差	显著性 水平	95％置信区间	
					下限	上限
2（环境）	1（人权）	0.852*	0.140	0.000	0.573	1.131
	3（安全）	−0.466*	0.145	0.002	−0.755	−0.177
3（安全）	1（人权）	1.318*	0.170	0.000	0.980	1.656
	2（环境）	0.466*	0.145	0.002	0.177	0.755

注：* The mean difference is significant at the 0.05 level.

（2）受害对象是否确定、行为类型与伦理管理

① 检验假设

如表 5-27 所示，实验三检验假设供应商不符合伦理规范行为的受害对象确定与否与行为类型对企业对供应商的伦理管理程度产生作用。

表 5-27　受害对象确定与否、行为类型与惩罚程度研究的检验假设

无效假设（H_0）	被择假设（H_1）
1. 三种类型的供应商不符合伦理规范行为下的企业对供应商的伦理管理程度评分的总体均数相等，供应商的行为类型对企业对供应商的伦理管理程度没有作用。	1. 三种类型的供应商不符合伦理规范行为下的企业对供应商的伦理管理程度评分的总体均数不相等，供应商的行为类型对企业对供应商的伦理管理程度产生作用。
2. 受害对象"确定"与受害对象"不确定"的情形中，企业对供应商的伦理管理程度评分的总体均数相等，供应商行为的受害对象确定与否对企业对供应商的伦理管理程度没有作用。	2. 受害对象"确定"与受害对象"不确定"的情形中，企业对供应商的伦理管理程度评分的总体均数不相等，供应商行为的受害对象确定与否对企业对供应商的伦理管理程度产生作用。
3. 供应商不符合伦理规范行为的受害对象确定与否与行为类型之间的交互作用不显著。	3. 供应商不符合伦理规范行为的受害对象确定与否与行为类型之间的交互作用显著。

② 受害对象是否确定、不同行为类型下伦理管理的描述性分析

表 5-28　受害对象是否确定、不同行为类型下伦理管理程度的描述统计结果

行为类型	受害对象是否确定	均值	标准差	样本数
人权	确定	4.8523	1.53857	44
	不确定	4.3864	1.38036	44
	总体	4.6193	1.47195	88
环境	确定	5.7727	1.30051	44
	不确定	5.3977	1.27853	44
	总体	5.5852	1.29593	88
安全	确定	6.3523	0.93124	44
	不确定	5.8523	1.27853	44
	总体	6.1023	1.14007	88

以企业对供应商伦理责备与伦理惩罚程度的平均值衡量企业对供应商的伦理管理程度。表 5-28 中数据表明了三种供应商不符合伦理规范行为下受害对象确定与不确定时企业对供应商伦理管理程度的均值、标准差和样本人数。

③ 受害对象是否确定、不同行为类型对伦理管理影响的直观图

以伦理管理程度的均值做线图,得到"受害对象是否确定"与"行为类型"对伦理管理的交互效应示意图,如图 5-8 所示。

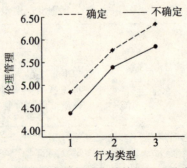

图 5-8　受害对象是否确定的情形下三种类型的
伦理管理程度均值变化的趋势

图 5-8 中,"确定"与"不确定"的两条线几乎平行,说明交互作用不显著。从图 5-8 中还可以看出三种行为类型下"确定"都高于"不确定",说明"受害对象是否确定"对伦理管理程度的主效应显著。此外,"确定"与"不确定"两种情况下,类型 3(安全)均高于类型 2(环境),类型 2(环境)又均高于类型 1(人权),这说明供应商不符合伦理规范行为的"类型"对伦理管理程度的主效应显著。

④ 受害对象是否确定的情形下行为类型对伦理管理的交互作用

这里用责备程度与惩罚程度的平均值衡量企业对供应商伦理管理的程度,用 SPSS 软件进行双因素方差分析,探讨供应商不符合伦理规范行为的受害对象是否确定、不符合伦理规范行为的类型对企业供应商伦理管理程度的影响,结果如表 5-29 所示。

表 5-29 受害对象确定与否、行为类型与伦理管理程度的方差分析表

来源	平方和	自由度	均方	F 值	P 值
A(行为类型)	99.718	1.720	57.959	59.376	0.000
AB(交互效应)	0.184	1.720	0.107	0.109	0.868
E(A)	144.432	147.961	0.976		
B(受害对象确定与否)	13.186	1.000	13.186	3.912	0.051
E(B)	289.886	86.000	3.371		
总和	547.406	238.401			

球对称检验结果显示近似卡方值(Approx Chi-Square)为 15.070,P 为 0.001,小于 0.05,不满足球形假设,需用 ε 校正系数来校正自由度。可以采用 Greenhouse-Geisser,Huynh-Feldt,Lower-bound 三种 ε 校正系数,其中前者较常用。本试验中 $P=0.001$,故采用 Greenhouse-Geisser 校正的结果。表 5-29 中"行为类型"的主效应和交互效应的检验采用 Greenhouse-Geisser 结果。

从表 5-29 中可以看出,"供应商不符合伦理规范的行为类型"对企业对供应商的管理程度的主效应显著($P=0.000$),"供应商不符合伦理规范行为的受害对象是否确定"对企业对供应商的伦理管理程度的主效应显著($P=0.051$),"供应商不符合伦理规范的行为类型"与"供应商不符合伦理规范行为的受害对象是否确定"的

交互作用不显著（$P=0.868$）。

⑤ 不同行为类型下伦理管理的多重比较

根据表 5-30 可知，不同类型的供应商不符合伦理规范行为影响企业对供应商的伦理判断。被试者对安全问题的伦理管理程度最高，比环境问题平均高 0.517，比人权问题平均高 1.483。实验三的结果表明人们认为安全问题最严重，其次是环境问题，然后是人权问题，这与第四章第三节中层次分析的结果相一致。

表 5-30　不同行为类型下伦理管理的多重比较（实验三）

(I) 行为类型	(J) 行为类型	均值差 (I−J)	标准误差	显著性水平	95% 置信区间	
					上限	下限
1（人权）	2（环境）	−0.966*	0.114	0.000	−1.192	−0.739
	3（安全）	−1.483*	0.162	0.000	−1.805	−1.161
2（环境）	1（人权）	0.966*	0.114	0.000	0.739	1.192
	3（安全）	−0.517*	0.134	0.000	−0.784	−0.250
3（安全）	1（人权）	1.483*	0.162	0.000	1.161	1.805
	2（环境）	0.517*	0.134	0.000	0.250	0.784

注：* The mean difference is significant at the 0.05 level.

5.3.3　实验结果的中介效应分析

假设 3D 假定供应商不符合伦理规范行为的受害对象是否确定通过企业对供应商的伦理判断影响企业对供应商的责备与惩罚程度。也就是说，企业对供应商的伦理判断作为调节变量，调节供应商不符合伦理规范行为的受害对象是否确定与企业对供应商的伦理管理程度之间的关系。本书采用 Baron 和 Kenny 以及温忠麟、张雷、侯杰泰和刘红云总结的中介效应检验程序对伦理判断的中介效应进行检验。

设不符合伦理规范行为的受害对象确定与否作为自变量 X，受害对象不确定时 $X=1$，受害对象确定时 $X=0$，企业对供应商不符合伦理规范行为的伦理判断作为中介变量 M，企业对供应商的伦理管理程度作为因变量 Y，依次做以下三个回归分析。

$$Y = cX + e_1 \qquad (5\text{-}7)$$
$$M = aX + e_2 \qquad (5\text{-}8)$$
$$Y = c'X + bM + e_3 \qquad (5\text{-}9)$$

用 SPSS 软件做回归分析,得出 c 的估计 $\hat{c}$,a,b,c' 的估计分别为 $\hat{a},\hat{b},\hat{c}'$,以及相应的标准误 s_a,s_b,s_c',如图 5-9 所示。

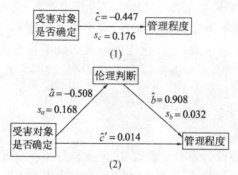

图 5-9　伦理判断对受害对象确定与否与管理程度的中介效应

在第一个回归方程中,受害对象是否确定作为自变量,伦理管理程度作为因变量,回归分析表明二者具有显著的负向关系($c=-0.447,p=0.012$)。在第二个回归方程中,受害对象是否确定作为自变量,伦理判断作为因变量,回归分析表明二者具有显著的负向关系($a=-0.508,p=0.003$)。在第三个回归方程中,受害对象是否确定与伦理判断作为自变量,伦理管理程度作为因变量,回归分析表明伦理管理程度与伦理判断之间有显著的正向关系($b=0.908,p=0.000$),伦理管理程度与受害对象是否确定之间的关系不显著($c'=0.014,p=0.876$)。

回归分析表明,系数 c 显著,系数 a,b 也显著,而系数 c' 不显著,做 Sobel 检验,得出 $Z=-3.01,p<0.001$,所以伦理判断对受害对象确定与否与伦理管理程度之间的关系具有完全的中介效应,中介效应的绝对值 $\hat{a}\hat{b}=-0.461$,中介效应的相对值 $\dfrac{\hat{a}\hat{b}}{c'+\hat{a}\hat{b}}=0.971$,中介效应的相对值 $\dfrac{\hat{a}\hat{b}}{c'}=32.95$。

5.4 实验四：间接损害偏差与企业不符合伦理规范行为转嫁的实验

实验四为了验证社会公众及媒体对企业的伦理判断存在间接损害偏差，即如果企业直接实施不符合伦理规范的行为，那么公众就会认为企业不道德的程度较重，而企业如果把不符合伦理规范的行为转嫁给供应商，通过供应商间接实施不符合伦理规范的行为，那么公众则会认为企业不道德的程度较轻。方差分析，研究这两个因素对社会公众对企业伦理判断的影响。

5.4.1 实验设计

（1）实验目的

实验四的目的为验证假设 4：企业自身不符合伦理规范行为导致的直接损害与企业通过供应商实施的不符合伦理规范行为导致的间接损害相比，即使这两种损害的程度相同，甚至在直接损害比间接损害程度轻的情况下，社会公众仍然认为前者比后者更严重。

（2）被试者

实验四的实验对象选自南京大学和江苏大学的本科生。共有46 人参加了实验，其中男生 27 人，女生 19 人，平均年龄 21.8。

（3）实验方法

实验四的设计参照 Paharia，Kassam，Greene 和 Bazerman 的研究。为了验证间接损害偏差，Paharia，Kassam，Greene 和Bazerman 采用了三个模拟场景，分别为制药公司的场景、房地产开发商的场景与发电厂的场景，每个场景都描述成"直接损害"与"间接损害"两种情形。被试被随机分配到两种情形中，根据两组被试对"直接损害"与"间接损害"两种情形下的伦理判断的差异来验证伦理判断中的间接损害偏差。

实验三采用两因素混合设计，即一个因素是被试间因素，一个因素是被试内因素。本实验中，"企业直接导致损害或通过供应商间接导致损害"为被试间因素,"不符合伦理规范行为的类型"为被试内因素。设被试内因素为 A,有三个水平,分别为"人权""环境""安全"。设被间因素为 B,有两个水平,分别为"直接损害"与"间接损害"。

本实验设计了三种不符合伦理规范的行为的模拟场景,并把每种不符合伦理规范的行为描述成企业直接导致损害与通过供应商间接导致损害两种情形,如表 5-31 所示。

表 5-31　间接损害偏差与企业不符合伦理规范行为转嫁的实验场景

场景	间接损害	直接损害
人权——血汗工厂	企业压低采购价格,使得供应商要求工人每个周末加班 6 个小时,但只支付较少的加班工资。	企业为了降低成本,要求工人每个周末加班 6 个小时,但只支付较少的加班工资。
环境——废物排放	企业压低采购价格,使得供应商直接排放未加处理的污水。	企业为了降低成本,直接排放未加处理的污水。
安全——添加有害物品	企业对产品色泽作出要求,使得供应商在产品中添加有害化学物。	企业为了使产品色泽鲜亮,在产品中添加有害化学物。

如表 5-31 所示,在直接损害的情形中,企业直接实施不符合伦理规范的行为,在间接损害的情形中,企业向供应商转嫁不符合伦理规范的行为。

被试者被随机指派到两种情形,一种是直接损害的情形,一种是间接损害的情形。每个被试者都要求阅读所有的三个模拟场景。这种两因素混合设计的被试指派方式如表 5-32 所示。

表 5-32　间接损害偏差与企业不符合伦理规范行为转嫁实验的被试指派方式

受试对象	是否直接损害 （B 因素）	不符合伦理规范行为的类型（A 因素）		
		人权	环境	安全
1	直接损害			
2				
⋮				
n				
$n+1$	间接损害			
$n+2$				
⋮				
$2n$				

　　如表 5-32 所示，所有的被试被随机分成两组，其中一组阅读到的三个涉及伦理问题的场景都是直接损害的情形，另一组阅读到的三个涉及伦理问题的场景都是间接损害的情形。

　　被试在阅读完模拟情境后，采用 Likert 七级量表对所描述的企业行为的不符合伦理规范的程度进行 1 分到 7 分的评价。

5.4.2　实验结果分析

（1）检验假设

　　本研究假设是否直接损害影响社会公众对企业的伦理判断，具体假设如表 5-33 所示。实验四检验假设是否直接损害与行为类型对伦理判断是否产生作用。

表 5-33　是否直接损害、行为类型与伦理判断研究的检验假设

无效假设（H_0）	被择假设（H_1）
1. 三种类型的不符合伦理规范行为下的社会公众对企业的伦理判断评分的总体均数相等，行为类型对伦理判断没有作用。	1. 三种类型的不符合伦理规范行为下的社会公众对企业的伦理判断评分的总体均数不相等，行为类型对伦理判断产生作用。

无效假设（H_0）	被择假设（H_1）
2."直接损害"与"间接损害"下的社会公众对企业的伦理判断评分的总体均数相等,是否直接损害对社会公众对企业的伦理判断没有作用。	2."直接损害"与"间接损害"下的社会公众对企业的伦理判断评分的总体均数不相等,是否直接损害对社会公众对企业的伦理判断产生作用。
3. 是否直接损害与行为类型之间的交互作用不显著。	3. 是否直接损害与行为类型之间的交互作用显著。

（2）是否直接损害、不同行为类型下伦理判断的描述性分析

表 5-34 中数据表明了三种不符合伦理规范行为下"直接损害"与"间接损害"时被试对企业行为伦理判断的均值、标准差和样本人数。

表 5-34　是否直接损害、不同行为类型下的伦理判断评分的描述统计结果

行为类型	企业是否直接损害	均值	标准差	样本数
人权	直接损害	5.0435	0.76742	23
	间接损害	3.2174	1.59421	23
	总体	4.1304	1.54357	46
环境	直接损害	5.9130	1.04067	23
	间接损害	4.2609	1.83940	23
	总体	5.0870	1.69740	46
安全	直接损害	6.6087	0.78272	23
	间接损害	4.6087	2.01673	23
	总体	5.6087	1.81938	46

（3）是否直接损害的情形下不同行为类型对伦理判断影响的直观图

以伦理判断评分的均值做线图,得到"是否直接损害"与"行为类型"对伦理判断的交互效应示意图,如图 5-10 所示。

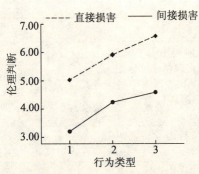

图 5-10　是否直接损害、三种类型的伦理判断评分均值变化的趋势

图 5-10 中,"直接损害"与"间接损害"的两条线之间几乎平行,说明不存在交互作用。从图 5-10 中还可以看出三种行为类型下"直接损害"都高于"间接损害确定"。两种情况下,类型 3(安全)均高于类型 2(环境),类型 2(环境)又均高于类型 1(人权),这说明供应商不符合伦理规范行为的"类型"对伦理判断的主效应显著。

(4) 是否直接损害、行为类型对伦理判断的交互作用

根据两因素混合设计的方差分析的内容与检验统计公式,应用 SPSS 软件进行方差分析,探讨是否直接损害、不符合伦理规范行为的类型对受害公众对企业伦理判断的影响,结果如表 5-35 所示。

表 5-35　是否直接损害、行为类型与伦理判断的方差分析表

来源	平方和	自由度	均方	F 值	P 值
A(行为类型)	51.710	2	25.855	41.423	0.000
AB(交互效应)	0.696	2	0.348	0.557	0.575
E(A)	54.928	88	0.624		
B(是否直接损害)	115.043	1	115.043	23.526	0.000
E(B)	215.159	44	4.890		
总和	437.536	137			

球对称检验结果显示近似卡方值(Approx Chi-Square)为 5.026,P 为 0.081,大于 0.05,所以球形假设可以接受,不需要校

正,表 5-35 中"行为类型"的主效应和交互效应的检验采用
Sphericity Assumed 结果。

从表 5-35 中可以看出,"不符合伦理规范的行为类型"对社会
公众对企业行为的伦理判断的主效应显著,"是否直接损害"对社
会公众对企业行为的伦理判断的主效应显著,"不符合伦理规范的
行为类型"与"是否直接损害"的交互作用不显著。

(5) 不同行为类型下伦理判断的多重比较

根据表 5-36 可知,不同类型的不符合伦理规范行为影响社会
公众的伦理判断。被试对安全问题的伦理判断评分最高,比环境
问题平均高 0.522,比人权问题平均高 1.478。实验四的结果表明
人们认为安全问题最严重,其次是环境问题,然后是人权问题,这
与第四章第三节中层次分析的结果相一致。

表 5-36　不同行为类型下伦理判断的多重比较(实验四)

(I) 行为类型	(J) 行为类型	均值差 (I−J)	标准误差	显著性水平	95% 置信区间	
					下限	上限
1 (人权)	2 (环境)	−0.957 *	0.140	0.000	−1.238	−0.675
	3 (安全)	−1.478 *	0.187	0.000	−1.856	−1.100
2 (环境)	1 (人权)	0.957 *	0.140	0.000	0.675	1.238
	3 (安全)	−0.522 *	0.163	0.003	−0.851	−0.192
3 (安全)	1 (人权)	1.478 *	0.187	0.000	1.100	1.856
	2 (环境)	0.522 *	0.163	0.003	0.192	0.851

注: * The mean difference is significant at the 0.05 level.

5.5　实验五:不作为偏差与企业不符合伦理规范行为转嫁的实验

实验五要验证社会公众及媒体对企业的伦理判断存在不作为
偏差,即如果企业因作为导致损害,那么公众就会认为企业不道德
的程度较重,而企业如果因不作为导致损害,那么公众则会认为企

业不道德的程度较轻。实验五采用两因素混合设计的方差分析，企业是否作为导致损害为被试间因素，有两个水平，即"作为"与"不作为"，行为类型为被试内因素，有三个水平，即人权、环境与安全。通过方差分析，研究这两个因素对社会公众对企业伦理判断的影响。

5.5.1 实验设计

（1）实验目的

实验五的目的在于验证假设5：企业因作为导致的损害与因不作为导致的损害相比，即使这两种损害的程度相同，社会公众仍然认为前者比后者更严重。

（2）被试者

实验五主要检验社会公众对企业的伦理判断存在不作为偏差，实验对象选自南京大学和江苏大学的本科生。共有78人参加了实验，其中男生41人，女生37人，平均年龄21.3。

（3）实验方法

实验五的设计参照Spranca，Minsk和Baron的研究中的模拟场景设计。Spranca，Minsk和Baron的研究中描述了运动员的不道德行为，一种是"作为"导致损害，一种是"不作为"导致损害，研究认为前者比后者给人的感觉更不道德。

实验五采用两因素混合设计，即一个因素是被试间设计因素，一个因素是被试内因素。本实验中，"企业因作为导致损害或因不作为导致损害"为被试间因素，"不符合伦理规范行为的类型"为被试内因素。设被试内因素为A，有三个水平，分别为"人权""环境""安全"。设被间因素为B，有两个水平，分别为"作为"与"不作为"。

本实验设计了三种不符合伦理规范的行为的模拟场景，并把每种不符合伦理规范的行为描述成企业因"作为"导致损害与因"不作为"导致损害两种情形，如表5-37所示。

表 5-37　不作为偏差与企业不符合伦理规范行为转嫁的实验场景

场景	不作为	作为
人权——血汗工厂	企业知道供应商要求工人每个周末加班 6 个小时,且只支付较少的加班工资,但不加制止。	企业为了降低成本,要求工人每个周末加班 6 个小时,但只支付较少的加班工资。
环境——废物排放	企业知道供应商直接排放未加处理的污水,但不加制止。	企业直接排放未加处理的污水。
安全——添加有害物品	企业知道供应商代产品中添加有害化学物,但不加制止。	企业在产品中添加有害化学物。

如表 5-37 所示,在"作为"导致损害的情形中,企业自己实施不符合伦理规范的行为,在"不作为"导致损害情形中,企业因没有阻止供应商不符合伦理规范行为而导致损害。

被试者被随机指派到两种情形,一种是作为导致损害的情形,一种是不作为导致损害的情形。每个被试者都要求阅读所有的三个模拟场景。这种两因素混合设计的被试指派方式如表 5-38 所示。

表 5-38　不作为偏差与企业不符合伦理规范行为转嫁实验的被试指派方式

受试对象	是否作为（B 因素）	不符合伦理规范行为的类型（A 因素）		
		人权	环境	安全
1	作为			
2				
⋮				
n				
$n+1$	不作为			
$n+2$				
⋮				
$2n$				

如表 5-38 所示,所有的被试被随机分成两组,其中一组阅读到的三个涉及伦理问题的场景都是"作为"导致损害的情形,另一组阅读到的三个涉及伦理问题的场景都是"不作为"导致损害的情形。

被试在阅读完模拟情境后,采用 Likert 七级量表对所描述的企业行为的不符合伦理规范的程度进行 1 分到 7 分的评价。

5.5.2 实验结果分析

(1) 检验假设

本研究假设是否因作为导致损害影响社会公众对企业的伦理判断,具体假设如下表 5-39 所示。实验五检验假设是否因作为导致损害与行为类型对伦理判断产生作用。

表 5-39 是否作为、行为类型与伦理判断研究的检验假设

无效假设(H_0)	被择假设(H_1)
1. 三种类型的不符合伦理规范行为下的社会公众对企业的伦理判断评分的总体均数相等,行为类型对伦理判断没有作用。	1. 三种类型的不符合伦理规范行为下的社会公众对企业的伦理判断评分的总体均数不相等,行为类型对伦理判断产生作用。
2. 因"作为"导致损害与因"不作为"导致损害下的社会公众对企业的伦理判断评分的总体均数相等,是否因作为导致损害对社会公众对企业的伦理判断没有作用。	2. 因"作为"导致损害与因"不作为"导致损害下的社会公众对企业的伦理判断评分的总体均数不相等,是否因作为导致损害对社会公众对企业的伦理判断产生作用。
3. 是否因作为导致损害与行为类型之间的交互作用不显著。	3. 是否因作为导致损害与行为类型之间的交互作用显著。

(2) 是否作为的情形下不同行为类型下伦理判断的描述性分析

表 5-40 中数据表明了三种不符合伦理规范行为下企业"作为"与"不作为"时被试对企业行为伦理判断的均值、标准差和样本人数。

表 5-40　是否作为、不同行为类型下的伦理判断评分的描述统计结果

行为类型	企业是否作为	均值	标准差	样本数
人权	不作为	4.4359	1.27310	39
	作为	5.5385	1.16633	39
	总体	4.9872	1.33381	78
环境	不作为	5.2564	1.49944	39
	作为	6.2051	1.03057	39
	总体	5.7308	1.36442	78
安全	不作为	6.2564	1.49944	39
	作为	6.6154	0.78188	39
	总体	6.4359	1.20162	78

（3）是否作为的情形下不同行为类型对伦理判断影响的直观图

这里以伦理判断评分的均值做线图,得图 5-11 所示的"是否作为"与"行为类型"对伦理判断的交互效应示意图。

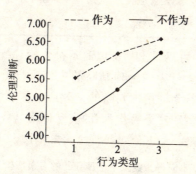

图 5-11　是否作为、三种类型的伦理判断评分均值变化的趋势

图 5-11 中,"作为"与"不作为"的两条线之间的距离随行为类型的不同而不同,说明存在交互作用。从图 5-11 中还可以看出三种行为类型下"作为"都高于"不作为"。两种情况下,类型 3(安全)均高于类型 2(环境),类型 2(环境)又均高于类型 1(人权),这说明不符合伦理规范行为的"类型"对伦理判断的主效应显著。

（4）是否作为、行为类型对伦理判断的交互作用

根据两因素混合设计的方差分析的内容与检验统计公式，应用 SPSS 软件进行方差分析，探讨是否作为、不符合伦理规范行为的类型对社会公众对企业伦理判断的影响，结果如表 5-41 所示。

球对称检验结果显示近似卡方值（Approx Chi-Square）为3.624，P 为 0.163，大于 0.05，所以球形假设可以接受，不需要校正，表 5-41 中"行为类型"的主效应和交互效应的检验采用 Sphericity Assumed 结果。

表 5-41　是否作为、行为类型与伦理判断的方差分析表

来源	平方和	自由度	均方	F 值	P 值
A（行为类型）	81.872	2	40.936	52.678	0.000
AB（交互效应）	6.009	2	3.004	3.866	0.023
E（A）	118.120	152	0.777		
B（受害对象确定与否）	37.761	1	37.761	12.498	0.001
E（B）	229.624	76	3.021		
总和	473.386	233			

从表 5-41 中可以看出，"供应商不符合伦理规范的行为类型"对社会公众对企业行为的伦理判断的主效应显著，"是否作为"对社会公众对企业行为的伦理判断的主效应显著，"供应商不符合伦理规范的行为类型"与"是否作为"的交互作用显著。

（5）不同行为类型下伦理判断的多重比较

表 5-42　不同行为类型下伦理判断的多重比较（实验五）

(I) 行为类型	(J) 行为类型	均值差（I−J）	标准误差	显著性水平	95% 置信区间 下限	95% 置信区间 上限
1（人权）	2（环境）	−0.744*	0.145	0.000	−1.032	−0.455
	3（安全）	−1.449*	0.152	0.000	−1.751	−1.146

（I）行为类型	（J）行为类型	均值差（I−J）	标准误差	显著性水平	95％ 置信区间	
					下限	上限
2（环境）	1（人权）	0.744*	0.145	0.000	0.455	1.032
	3（安全）	−0.705*	0.126	0.000	−0.955	−0.455
3（安全）	1（人权）	1.449*	0.152	0.000	1.146	1.751
	2（环境）	0.705*	0.126	0.000	0.455	0.955

注：* The mean difference is significant at the 0.05 level.

根据表 5-42 可知，不同类型的不符合伦理规范行为影响社会公众的伦理判断。被试对安全问题的伦理判断评分最高，比环境问题平均高 0.705，比人权问题平均高 1.449。实验五的结果表明人们认为安全问题最严重，其次是环境问题，然后是人权问题，这与第四章第三节中层次分析的结果一致。

本章通过五个实验验证了伦理判断中的五种偏差：滑坡效应、结果偏差、确定效应、间接损害偏差及不作为偏差，以及这些偏差对伦理决策的影响。

实验一的结果证实供应商不符合伦理规范行为的形成方式对企业对供应商的伦理判断及企业对供应商的伦理管理程度具有显著的影响，且伦理判断对供应商不符合伦理规范行为的形成方式与企业对供应商的伦理管理程度之间的关系具有中介作用。企业认为"突变"行为的不符合伦理规范程度高于"渐变"行为，对"突变"的不符合伦理规范行为的管理程度也高于"渐变"的行为。

实验二的结果证实供应商不符合伦理规范行为结果的好坏对企业对供应商的伦理判断及企业对供应商的伦理管理程度具有显著的影响，且伦理判断对供应商不符合伦理规范行为结果的好坏与企业对供应商的伦理管理程度之间的关系具有中介作用。企业认为导致"坏结果"行为的不符合伦理规范程度高于产生"好结果"的行为，对导致"坏结果"的不符合伦理规范行为的管理程度也高于产生"好结果"的行为。

实验三的结果证实供应商不符合伦理规范行为的受害对象是否确定对企业对供应商的伦理判断及企业对供应商的伦理管理程度具有显著的影响，且伦理判断对供应商不符合伦理规范行为的受害对象是否确定与企业对供应商的伦理管理程度之间的关系具有中介作用。企业认为"受害对象确定"的不符合伦理规范行为的不符合伦理规范程度高于"受害对象不确定"的行为，对"受害对象确定"的不符合伦理规范行为的管理程度也高于"受害对象不确定"的行为。

实验四的结果证实是否直接损害影响社会公众对企业行为的伦理判断。社会公众认为导致"直接损害"的行为比导致"间接损害"的行为更不符合伦理规范。

实验五的结果证实是否作为影响社会公众对企业行为的伦理判断。社会公众认为"作为"导致损害比"不作为"导致损害的不符合伦理规范的程度大。

五个实验都证实不符合伦理规范行为的类型影响伦理判断与伦理管理。普遍认为"安全"问题最严重，其次是"环境"问题，最后是"人权"问题。

6 结论、启示与展望

在对等、开发、共享、全球运作的时代,企业与外部的供应商合作至关重要。但是,一旦供应商出了问题,企业也会受到牵连,因此在与供应商合作的同时还需要对供应商进行有效的伦理管理。有效的供应商伦理管理不只需要企业决策者提高道德水准,还需要纠正有限道德导致的伦理判断偏差。本章将在上一章实证研究的基础上,对本书的主要结论进行归纳,并提出相关建议,以纠正企业对供应商行为伦理判断中的偏差,进而有效管理供应商伦理问题。

6.1 研究结论

本书在以往关于伦理决策研究的基础上,构建了基于有限道德的供应商伦理管理决策模型。具体分析了在有限道德的制约下,供应商不符合伦理规范行为的特质及行为类型如何影响企业对供应商的伦理判断,进而影响企业对供应商的伦理管理,以及社会公众对企业行为的伦理判断偏差如何影响企业对供应商的伦理管理。在理论分析之后,本研究设计了五个实验分别验证了伦理判断中的滑坡效应、结果偏差、受害对象确定性偏差以及间接损害偏差及不作为偏差。

6.1.1 理论分析的总体回顾

(1)道德强度、不符合伦理规范行为的类型与供应商的伦理管理

在有限道德的制约下,由于不同类型的伦理问题的道德强度不同,人们的关注程度也不同,因此供应商不符合伦理规范行为的

类型会影响企业的伦理判断与伦理管理。在此基础上,用层次分析法探讨不同类型的供应商不符合伦理规范行为的道德强度的轻重,结果表明各类型的伦理问题的道德强度的权重排序为:安全>环境>人权>慈善>多样性。

(2) 有限道德、伦理判断与供应商伦理管理

① 企业决策者的有限道德与供应商伦理管理

由于企业决策者的有限道德,供应商不符合伦理规范行为的特质(形成方式、结果好坏、受害对象是否确定)会影响企业对供应商行为的伦理判断,进而影响企业对供应商的伦理管理程度,伦理判断对行为特质与伦理管理之间的关系起到中介作用。

② 社会公众的有限道德与供应商伦理管理

由于社会公众的有限道德,对企业行为的伦理判断会产生间接损害偏差及不作为偏差,并而企业会因这种偏差故意无视供应商的不符合伦理规范行为或主动向供应商转嫁不道德行为。

6.1.2 实证结果的总体回顾

本书设计的五个实验验证了理论模型中提出的所有假设,实验结果的分析表明伦理判断中存在滑坡效应、结果偏差、确定性偏差、间接损害偏差与不作为偏差,并且伦理判断对供应商不符合伦理规范行为的特质与供应商伦理管理程度之间的关系起着中介作用。具体的假设及检验结果如表 6-1 所示。

表 6-1　本研究假设的检验情况汇总

假　设	内　容	检验结果
假设 1A:	供应商不符合伦理规范行为的形成方式影响企业对供应商的伦理判断。	支持
假设 1B:	如果供应商不符合伦理规范的行为是"渐变"而成,那么企业决策者认为不符合伦理规范的程度较轻。	支持
假设 1C:	如果供应商不符合伦理规范的行为是"突变"而成,那么企业决策者认为不符合伦理规范的程度较重。	支持

续表

假　设	内　容	检验结果
假设 1D：	伦理判断对行为形成方式与伦理管理程度之间的关系起着中介作用。	支持
假设 2A：	供应商不符合伦理规范行为结果的危害程度影响企业对供应商行为的伦理判断。	支持
假设 2B：	如果供应商不符合伦理规范行为导致了坏结果，那么企业决策者认为不符合伦理规范的程度较重。	支持
假设 2C：	如果供应商不符合伦理规范行为没有导致坏结果，那么企业决策者认为不符合伦理规范的程度较轻。	支持
假设 2D：	伦理判断对结果好坏与伦理管理程度之间关系起着中介作用。	支持
假设 3A：	供应商不符合伦理规范行为的受害对象是否确定影响企业对供应商行为的伦理判断。	支持
假设 3B：	如果供应商不符合伦理规范行为的受害对象确定，那么企业决策者认为不符合伦理规范的程度较重。	支持
假设 3C：	如果供应商不符合伦理规范行为的受害对象不确定，那么企业决策者认为不符合伦理规范的程度较轻。	支持
假设 3D：	伦理判断对受害对象是否确定与伦理管理程度之间的关系起着中介作用。	支持
假设 4：	直接损害与间接损害相比，即使这两种损害的程度相同，社会公众仍然认为前者比后者更严重。	支持
假设 5：	企业因作为导致的损害与因不作为导致的损害相比，即使这两种损害的程度相同，社会公众仍然认为前者比后者更严重。	支持

6.1.3　研究结论

根据理论分析与实验研究的结果，本书得出如下结论：

（1）供应商不符合伦理规范行为的类型影响企业对供应商的伦理管理

本书将供应商不符合伦理规范的行为分成人权、环境、慈善、多样化与安全五种类型。不同类型的不符合伦理规范行为的道德强度不同,受到企业关注的程度也不同,企业对不同类型的行为的伦理判断也不同,对不同类型的不符合伦理规范行为的管理程度也不同。理论分析与实证研究的结果均表明不符合伦理规范行为的类型影响企业对供应商的伦理管理程度。与带来正面影响的多样化与慈善相比,企业更关注供应商的人权、环境与安全等伦理问题。而后三者中,企业关注安全问题的程度最高,其次是环境问题,最后是人权问题。

（2）企业对供应商行为的伦理判断存在偏差

在完全理性的伦理判断模型中,人们如同裁判员或法官一样,能够权衡事件的利害得失,准确地做出无偏差的伦理判断。然而在现实中,伦理问题往往是复杂、混乱、不易辨别的,企业决策者也不是完全理性的经济人。在供应商的伦理管理中,企业的决策者没有时间也没有无限的认知能力根据企业的伦理准则及自身的价值体系去理性地权衡供应商行为是否背离了伦理规范。企业管理者由于有限道德,在对供应商进行伦理判断时,不可能做到准确无误,相反对供应商行为的伦理判断会出现系统性偏差。这些偏差包括滑坡效应、结果偏差及确定性偏差。

第一,滑坡效应。如果供应商不符合伦理规范的行为是"渐变"而成,那么企业决策者认为不符合伦理规范的程度较轻;如果供应商不符合伦理规范的行为是"突变"而成,那么企业决策者认为不符合伦理规范的程度较重。

第二,结果偏差。如果供应商不符合伦理规范行为导致了坏结果,那么企业决策者认为不符合伦理规范的程度较重;如果供应商不符合伦理规范行为没有导致坏结果,那么企业决策者认为不符合伦理规范的程度较轻。

第三,如果供应商不符合伦理规范行为的受害对象确定,那么企业决策者认为不符合伦理规范的程度较重;如果供应商不符合伦理规范行为的受害对象不确定,那么企业决策者认为不符合伦理规范的程度较轻。

（3）供应商不符合伦理规范行为的特质影响企业对供应商的伦理管理

供应商不符合伦理规范行为的特质影响企业对供应商的伦理管理。供应商不符合伦理规范行为的形成方式、结果好坏以及受害对象是否确定均影响企业对供应商的伦理管理。如果供应商不符合伦理规范的行为是"渐变"而成，那么企业对供应商的伦理管理程度较轻，如果供应商不符合伦理规范的行为是"突变"而成，那么企业对供应商的伦理管理程度较重；如果供应商不符合伦理规范行为导致了坏结果，那么企业对供应商的伦理管理程度较重，如果供应商不符合伦理规范行为没有导致坏结果，那么企业对供应商的伦理管理程度较轻；如果供应商不符合伦理规范行为的受害对象确定，那么企业对供应商的伦理管理程度较重，如果供应商不符合伦理规范行为的受害对象不确定，那么企业对供应商的伦理管理程度较轻。

（4）伦理判断对行为特质与伦理管理之间的关系起着中介作用

要对供应商进行伦理管理，首先要对供应商的行为作出合理的伦理判断。准确的伦理判断是有效管理供应商伦理行为的前提。供应商不符合伦理规范的行为影响企业对供应商的伦理管理，企业决策者对供应商行为的伦理判断是中介变量，对供应商不符合伦理规范行为与企业对供应商的伦理管理之间的关系起到中介作用。

（5）社会公众对企业行为的伦理判断存在偏差

由于有限道德，社会公众对企业不符合伦理规范行为的判断也会产生系统性的偏差。企业自身不符合伦理规范行为导致的直接损害与企业通过供应商实施的不符合伦理规范行为导致的间接损害相比，即使这两种损害的程度相同，甚至在直接损害比间接损害程度轻的情况下，社会公众仍然认为前者比后者更严重；企业因作为导致的损害与因不作为导致的损害相比，即使这两种损害的程度相同，社会公众仍然认为前者比后者更严重。

　　（6）社会公众的伦理判断偏差影响企业对供应商的伦理管理

　　企业有时在利润的驱使下或竞争的压力下会故意无视供应商的不符合伦理规范的行为，甚至故意向供应商转嫁不道德行为。人们对导致间接损害的行为人比直接导致损害的行为人要宽容很多，对不作为产生的损害比作为产生的损害要宽容得多，即人们的伦理判断存在间接损害偏差与不作为偏差。有时企业为了降低成本，或为了获得更多的利润，就会利用社会公众与媒体的认知偏差，自己不从事不符合伦理规范的行为，却向供应商转嫁不道德行为。在这种情况下，企业对供应商的不符合伦理规范的行为当然会视而不见，即存在故意视盲。

6.2　研究启示

　　不管是学术界还是公众媒体在探讨供应商伦理管理失效的原因时，总是追究所谓的"本质"原因：企业管理者本身道德水准低下，或企业缺乏必要社会责任感，或组织及外在环境纵容不道德行为，或整个行业把不符合伦理规范行为看成行业的潜规则。因此根据这些观点，只有对管理者进行必要的道德培训，加强企业的社会责任观的培育，才能提升供应商伦理管理的水准。

　　然而，供应商伦理管理失效并非都是这些"显性"的原因所致。本书研究指出了供应商伦理管理失效的"隐性"原因，即显性道德水准较高的企业管理者也会因有限道德，在对供应商行为进行伦理判断时出现系统性的偏差。认清并纠正这些偏差将有助于提升供应商伦理管理的质量。

6.2.1　伦理判断偏差对供应商伦理管理的启示

　　由于企业决策者具有有限道德，在对供应商伦理判断时会产生系统性的偏差，这些偏差会导致企业供应商伦理管理失效，甚至会给企业带来致命的打击。如何避免这些偏差非常重要。

　　（1）滑坡效应对供应商伦理管理的启示

　　供应商不符合伦理规范行为的形成方式影响企业对供应商行

为的伦理判断及伦理管理。当供应商不符合伦理规范行为是由符合伦理规范行为缓慢"渐变"而成，那么在变化的过程中，企业决策者就不易发现这种缓慢变化，也不会察觉供应商行为的不道德性，或者会低估供应商行为的不符合伦理规范程度。而准确的伦理判断是有效供应商伦理管理的前提，如果伦理判断出现了偏差，就无法做到正确管理供应商的不符合伦理规范的行为。

在供应商行为"渐变"的过程中，企业不会发现其不道德性，这就错过了最佳的管理时机，没能及时遏制住这种蜕变行为。等到供应商的行为在不知不觉中"滑坡"很远以后，企业才会发觉其行为的不道德性，此时一定是已经造成了不好的影响，或已经造成了损失。等到此时再进行供应商伦理管理，只会是亡羊补牢。而如果在"滑坡"的初期，就及时发现并管理就会起到事半功倍的效果。

企业如果制定明确的供应商伦理行为规范，也就是说如果企业能够把伦理准则具体化，而不只是空洞的教条，那么企业在对供应商进行伦理管理时，就会有明确的"参照点"可以依靠，一旦供应商的行为偏离这些具体的规定，就及时制止，这样就可以在供应商伦理管理过程中避免滑坡效应的产生。

（2）结果偏差对供应商伦理管理的启示

如果供应商不符合伦理规范行为导致坏结果，那些企业就会认为其不符合伦理规范程度重，对其管理也重。而如果供应商不符合伦理规范行为没有导致坏结果，那么企业就会觉得不符合伦理规范程度轻，就会不够重视，管理程度也较轻。

其实，只要供应商实施不符合伦理规范行为，即使目前没有导致坏结果，但坏结果的产生是必然的，只是个时间问题。如果企业在坏结果没有发生之前就进行有效的管理，就可以避免损害的发生。

结果偏差的产生是由于决策者过分关注结果，而忽略了行为本身的不道德性。如果企业决策者能"就事论事"，就供应商行为本身进行评价，不存侥幸心理，就能避免结果偏差。在评价供应商不符合伦理规范行为时，即使目前还没有产生什么坏的结果，但只要预见到坏结果发生的可能性,就必须对其进行有效地阻止。

(3) 确定性偏差对供应商伦理管理的启示

如果供应商不符合伦理规范行为的受害对象可以确定,那么企业就会认为其不符合伦理规范程度较重,对其管理也较严格。而如果供应商不符合伦理规范行为的受害对象不确定,那么企业就会认为其不符合伦理规范程度较轻,对其管理也较轻。

当供应商不符合伦理规范行为的受害对象是一群不确定的对象时,企业就不够重视,对供应商的管理就比较松。其实,不确定的受害对象并不表示不符合伦理规范的没有受害对象,相反,受害对象可能更多。一旦事情败露,后果可能更严重,涉及的赔偿范围可能更广。

只要有受害对象,不管这些对象是否确定,企业的决策者都应该同样重视。只要供应商的行为不符合伦理规范,企业就要及时有效地管理。

6.2.2 有限道德的纠正

在越来越多的公司陷入商业丑闻的同时,越来越多的公司开始对其管理人员进行道德培训,也有许多大学的商学院聘请了伦理专家并开设了企业伦理的课程。这些努力都旨在教给管理者更广泛的道德准则,帮助他们理解决策中所涉及的伦理问题。然而,多数管理人员认为自己并未公然对抗道德准则,因此他们会质疑为何要浪费时间学习这些外显的道德准则。而且,由于有限道德,他们自认为有很高的道德水准,自然也就不会主动纠正不道德行为。虽然这些旨在提升管理者道德水平的培训与教育能在一定程度上改善企业的伦理决策,但由于道德的有限性,这些努力还不够。

Stanovich 和 West 与 Kahneman 和 Frederick 分别指出慎重地、系统地思考伦理困境并不足以避免不符合伦理规范的决策、判断以及行为。Tenbrunsel 和 Messick 认为,大多数道德训练过于狭隘,只关注外显的不道德行为,不能帮助决策者认识道德的有限性。有限道德源于人们自我欺骗的先天倾向。这种自我欺骗对道德训练有着重要意义,只有决策者学会克服"道德过滤",纠正有限道德偏差,道德教育才能真正发挥作用。

"应该自我"与"想要自我"的不一致让人们无法认清自身的道德水平,人们坚信自己有道德,实际行动却并非如此,而事后也未能发现。这种错误的认识严重阻碍了人们提升道德水平。当人们认为自己有道德,就不会寻找提升道德水平的方法。普通的道德培训只能帮助决策者纠正有意识的道德错误,对无意识的道德错误不起作用。要纠正有限道德偏差,就必须在决策的三个阶段,把"应该自我"与"想要自我"统一起来,使二者保持一致,才能纠正有限道德偏差。人们要认识到多重自我的存在,在预想阶段倾听"想要自我"的声音,在行动阶段提升"应该自我"的影响,降低"想要自我"的作用,在评价阶段克服认知扭曲。

(1) 认识多重自我

要想决策水平更符合道德水平,必须意识到无意识偏差的存在。如果决策者能够留心无意识的偏差(Unconscious Biases),那么其决策就能够更明智、更符合伦理准则。既然是无意识的偏差,纠正起来自然就比较困难。只有持续不断地、有意识地自我调节,才能克服有限道德偏差。这就要求人们能认识到自己的预测是不正确的,对过去行为的回忆也受认知扭曲的影响,以及"想要自我"与"应该自我"的不一致性。意识到双重自我的存在只是良好的开端,接下来还必须采取措施以减少二者的冲突。

(2) 在预想阶段,倾听"想要自我"的声音

在预想阶段,倾听"想要自我"的声音对提升伦理决策的质量至关重要。因为"想要自我"在行动阶段会破坏"应该自我"的良好意图,所以决策的预想阶段就要预料"想要自我"的行为并预先采取措施控制它。可以采取两种方法:其一,事先描述并突出动机。在预想阶段,事先想好目标以及真正想要的就会使我们的决策更符合道德标准。决策者应提醒自己决策既有伦理成分也有动机,如商业目标。其二,预演伦理困境并准备解决。预演伦理困境可以让决策者识别出那些导致行动阶段道德意识衰退的因素,如最

后期限、来自利益相关者的压力等,以便于提前准备。通过预演,可以缓解"想要自我"与"应该自我"的矛盾。

（3）在行动阶段,提升"应该自我"的影响

不管在预想阶段,设想得有多完美,要想提升伦理决策的质量,必须在行动阶段启动"应该自我"。为了加强"应该自我"的影响,应该让行动阶段更接近于预想阶段。可以采取三种方法:其一,关注事件的高水平建构,启动"应该自我";其二,同时提出所有选项,弥补道德意识衰退,并削弱"想要自我"的支配地位;其三,给每个选项贴上道德或不道德的标签,有助于解决伦理困境。

（4）在行动阶段,减少"想要自我"的影响

为了防止行动阶段道德意识的衰退,决策者可以采用两种自我控制的策略来减少"想要自我"的影响。其一,对外宣称自己将遵守什么样的道德规范。这样做既尽早得到外界认同,又可以为以后的行动提供参照。其二,行动之前,充分思考,并扩大考虑的范围。在制定伦理决策时,需要集中考虑决策到底会影响哪些相关的人员,结果怎么样。

（5）在评价阶段,克服认知扭曲

对过去行为的评价,是一种信息反馈,正确的评价对以后行为的改进非常重要。但是在评价阶段,由于认知扭曲,人们无法对自己行为的道德水准有个客观准确的评价,不会发现不道德行为,或高估道德水准,进而导致不道德行为得不到纠正,道德水准得不到提升。因而,克服评价阶段的认知扭曲对提升伦理决策的质量至关重要。认知扭曲是心理因素导致的,仅仅告知决策者存在认知扭曲还远不够,必须对决策者进行有效的培训。

6.3 研究贡献、研究局限与未来研究展望

本书主要研究了有限道德的行为个体的伦理判断偏差,以及这些偏差对供应商伦理管理的影响。本研究在理论与实证研究方面对于供应商伦理管理的研究有一定的推动作用,同时本书在研

究过程中还存在一些不足之处有待在今后的研究中进一步改善。

6.3.1 研究的主要贡献

（1）研究视角

本书不是从伦理、道德层面研究如何提升企业决策者的伦理管理能力，而是从认知与心理层面探讨如何优化企业对供应商的伦理管理决策。本书研究的是"非故意"的供应商伦理管理失效，是由于企业决策者的有限道德而产生的伦理判断偏差所导致的供应商伦理管理失效。本书关注的是显性道德水准较高的企业决策者的可预测的、背离理性的、系统性的伦理判断错误，这些错误或偏差使得企业对供应商伦理管理没有达到本该有的程度。因此，本书在建议中指出，要提高供应商伦理管理的质量，提升决策者的道德水准固然重要，纠正伦理判断偏差、克服有限道德也不可或缺。

（2）研究内容

本书探索了供应商伦理管理失效的"隐性"原因：由于决策者道德的有限性，即使显性道德水准很高的人也会因一系列内隐偏差无意识地做出不符合伦理规范的事情，或无法发现他人的不道德行为。在有限道德的制约下，企业没能或不愿察觉供应商的不符合伦理规范的行为，因而导致了供应商伦理管理的失效。企业没有及时发现并阻止供应商不符合伦理规范的行为，造成供应商伦理管理的失效，不一定是由于企业决策者道德水平的低下或受利益及竞争压力的驱使，也不一定是企业自身的组织环境或所处的社会大环境对供应商伦理问题不够重视。很可能是这样一种情形，企业决策者显性的道德水准很高，企业组织环境与外部环境也都支持供应商伦理管理，但是由于企业决策者的有限道德，导致对供应商行为的伦理判断产生偏差，进而导致了企业对供应商伦理管理的结果偏离了企业显性的伦理准则。

（3）研究方法

本研究将行为经济学的分析方法应用到企业对供应商伦理管理的研究中，构建了基于有限道德的供应商伦理管理模型。本书采用理论研究与实证研究相结合的办法探讨供应商伦理管理决策行为。在理论研究中,用认知心理学关于人的判断与决策的分析方法研究企业在供应商伦理管理过程的伦理判断与管理问题。在实证研究中采用实验经济学对经济学理论的实验性检验的办法来验证企业对供应商伦理判断的一些系统性的偏差。

6.3.2 研究的局限

本书的研究目的是探索在有限道德的制约下,企业决策者对供应商行为的伦理判断偏差,以及这些偏差对供应商伦理管理的影响。通过实验的研究,本书验证了供应商伦理判断中偏差的存在,企业对供应商的伦理管理程度也受到伦理判断偏差的影响。但本研究中还存在如下的不足。

(1) 实验参与者的主观性影响到实验的有效性

本研究在设计方案时无法完全排除个人偏好和主观猜测,被试者在实验时有可能考虑一些相关的关系而有意识地完成实验期望。这些主观因素对实验的可重复性提出挑战,可能会造成相同实验由不同的实验者设计或者由不同被实验者执行就有可能得出不同的研究结论。

(2) 实验场景的简化会与实际情况不同

本研究采用实验的方法对针对供应商不符合伦理规范的行为设计了模拟场景,虽然这些场景是对现实的简化,但还是与现实不同。现实的供应商伦理管理远比试验中模拟的场景复杂,面临的不确定性因素更多。在对真实的供应商行为进行伦理判断时,可能产生的偏差更严重,对供应商伦理管理时考虑的因素也可能更多。

6.3.3 未来研究的建议

(1) 寻找行为特质与伦理判断这一关系间的中介变量

供应商不符合伦理规范行为的特质会影响企业对供应商的伦理判断,这一影响是由什么心理或情感因素所致的呢?

供应商不符合伦理规范行为形成方式影响伦理判断,为什么企业决策者认为"突变"的不符合伦理规范行为比"渐变"行为的不符合伦理规范的程度重？是什么变量在这一关系中起到中介作用？

供应商不符合伦理规范行为的结果好坏影响伦理判断，为什么企业决策者认为"坏结果"的不符合伦理规范行为比"好结果"行为的不符合伦理规范的程度重？是什么变量在这一关系中起到中介作用？

供应商不符合伦理规范行为的受害对象是否确定影响伦理判断，为什么企业决策者认为"受害对象确定"的不符合伦理规范行为比"受害对象不确定"行为的不符合伦理规范的程度重？是什么变量在这一关系中起到中介作用？

（2）探索可能会导致供应商伦理管理失效的其他行为特质

本书研究了供应商不符合伦理规范行为的形成方式、结果好坏以及受害对象是否确定对供应商伦理管理的影响。在有限道德的制约下，供应商不符合伦理规范行为的其他特质也会导致伦理判断偏差。这些研究可以借鉴有限理性与判断与决策偏差的研究。在研究供应商伦理管理决策时，可以探索在对供应商行为进行伦理判断时，供应商行为的某些特质是否也会导致类似于有限理性所致的判断与决策偏差，如代表性直觉、易得性直觉、情绪直觉、原型、锚定与调整、过度自信、过度乐观等。

（3）探索可能会导致供应商伦理管理失效的情感因素

除了企业决策者的道德水准、企业与社会的伦理环境、供应商不符合伦理规范行为本身会影响企业对供应商的伦理管理，企业决策者的情感因素也会影响供应商伦理管理。这些情感因素往往在某些场合下影响更显著，哪些场合哪些情感因素会起作用，这也是未来研究供应商伦理管理的一个方向。

（4）研究如何纠正伦理判断偏差、克服有限道德

企业在对供应商伦理判断时，不可避免会产生偏差。也就是说，决策者总是"有限道德"，或者说决策者总想追求"完全道德"[①]，

---

① 借鉴有限理性与完全理性的说法，在这里将道德说成"有限道德"与"完全道德"。

但由于认知、心理及情感等原因，永远是处于从"有限道德"向"完全道德"的逼近过程中，"完全道德"是决策者的目标。怎样纠正伦理判断偏差，更加靠近"完全道德"也是值得学者们探究的一个课题。

参 考 文 献

［ 1 ］Agle Bradley R, Ronald K Mitchell, Jeffrey A Sonnenfeld. Who Matters to CEOs An Investigation of Stakeholder Attributes and Salience, Corporate Performance, and CEO Values. *Academy of Management Journal*, 1999, 42(5).

［ 2 ］Altman M. The Ethical Economy and Competitive Markets: Reconciling Altruistic, Moralistic, and Ethical Behavior with the Rational Economic Agent and Competitive Markets. *Journal of Economic Psychology*, 2005, 26.

［ 3 ］Amegashie J A, et al. Competitive Burnout: Theory and Experimental Evidence, Games Economic. *Behavior*, 2006.

［ 4 ］Asher C C, Mahoney J M, Mahoney J T. Towards A Property Rights Foundation for a Stakeholder Theory of the Firm. *Journal of Management and Governance*, 2005,9.

［ 5 ］Ashforth B E, Anand V. The Normalization of Corruption in Organizations. *Research in Organizational Behavior*, 2003, 25.

［ 6 ］Banaji M R. Implicit Attitudes Can be Measured. In Roediger H L & Nairne J S (Eds.), *The Nature of Remembering: Essays in Honor of Robert G. Crowder*. *American Psychological Association*, 2001.

［ 7 ］Banaji M R, Bazerman M H, Chugh D. How(Un) Ethical are You? *Harvard Business Review*, 2003, 81(12).

［ 8 ］Baron J, Hershey J C. Outcome Bias in Decision Evaluation.

Journal of Personality and Social Psychology, 1988, 54.

[9] Baron R M, Kenny D A. The Moderator-mediator Variable Distinction in Social Psychological Research: Conceptual, Strategic and Statistical Considerations. *Journal of Personality and Social Psychology*, 1986, 51.

[10] Bazerman M H, Chugh D. Bounded Awareness: Focusing Failures in Negotiation. In Thompson L (Ed.), *Frontiers of Social Psychology: Negotiation*. Psychological Press, 2005.

[11] Bazerman M H, Moore D A, Tetlock P E, Tanlu L. Reports of Solving the Conflicts of Interest in Auditing are Highly Exaggerated. *Academy of Management Review*, 2006, 31(1).

[12] Bazerman M H, Moore D. *Judgment in Managerial Decision Making* (7thed.). Hoboken, John Wiley & Sons, Inc, 2008.

[13] Beauchamp Tom L, Norman E Bowie. *Ethical Theory and Business, Upper Saddle River*, Prentice Hall, 2001.

[14] Bendixen Michael, Russell Abratt. *Corporate Identity, Ethics and Reputation in Supplier-buyer Relationships*. Journal of Business Ethics, 2007.

[15] Berrone P, Jordi Surroca, Josep A. Tribo, Corporate Ethical Identity as A Determinant of Firm Performance: A Test of the Mediating Role of Stakeholder Satisfaction. *Journal of Business Ethics*, 2007.

[16] Blair I V. Implicit Stereotypes, Prejudice, in Moskowitz G (Ed.), *Cognitive Social Psychology: The Princeton Symposium on the Legacy and Future of Social Cognition Mahwah*, Lawrence Erlbaum Associates, Inc. 2001.

[17] Brief A P, Buttram R T, Dukerich J M. Collective

Corruption in the Corporate World: Toward A Process Model. In Turner M E(Ed.), Groups at Work: *Theory and Research*. Applied Social Research. Mahwah, Lawrence Erlbaum Associates, Inc. 2001.

[18] Boyle Brett A, Robert F Dahlstrom, James J Kellaris. Points of Reference and Individual Differences As Sources of Bias in Ethical Judgments. *Journal of Business Ethics*, 1998, 17.

[19] Carroll A B. A Three Dimensional Conceptual Model of Corporate Social Performance. *Academy of Management Review*, 1979, 4.

[20] Carroll A B. The Pyramid of Corporate Social Responsibility: Toward the Moral Management of Organizational Stakeholders. *Business Horizons*, 1991, 7—8.

[21] Carter Craig R, Richard Auskalnis, Carol Ketchum. Purchasing from Minority Business, Enterprises: A Cross-Industry Comparison of Best Practices. *Journal of Supply Chain Management*, 1999, 35(1).

[22] Carter C R. Ethical Issues in International Buyer-supplier Relationships: A Dyadic Examination. *Journal of Operations Management*, 2000, 18(2).

[23] Carter Craig R. Precursors of Unethical Behavior in Global Procurement. *Journal of Supply Chain Management*, 2000, 36(1).

[24] Carter Craig R, Rahul Kale, Curtis Grimm. Environmental Purchasing and Firm Performance: An Empirical Investigation. *Transportation Research* Part E, 2000, 36(3).

[25] Carter Craig R, Marianne M Jennings. Social Responsibility and Supply Chain Relationship. *Transportation Research* Part E, 2002, 38.

［26］Carter Craig R, Marianne M Jennings. The Role of Purchasing in Corporate Social Responsibility: A Structural Equation Analysis. *Journal of Business Logistics*, 2004, 25(1).

［27］Chaiken S, Giner-Sorolla R, Chen S. Beyond Accuracy: Defense and Impression Motives in Heuristic and Systematic Information Processing. In Gollwitzer P M & Bargh J A (Eds.), *The Psychology of Action: Linking Cognition and Motivation to Behavior*. Guilford Press, 1996.

［28］Chugh D, Bazerman M H, Banaji M R. Bounded Ethicality as A Psychological Barrier to Recognizing Conflicts of Interest. In Moore D A, Cain D M, Loewenstein G F & Bazerman M H (Eds.), *Conflicts of Interest: Problems and Solutions from Law, Medicine and Organizational Settings*. Cambridge University Press, 2005.

［29］Chugh D, Milkman K L, Bazerman M H. Bounded Decision Making: From Description to Improvement. Harvard Business School NOM Working Paper No. 08—102.

［30］Clarkson M, A Stakeholder Framework for Analyzing and Evaluating Corporate Social Performance. *Academy of Management Review*, 1995, 20(1), 1.

［31］Coughlan, Richard, Codes. Values and Justifications in the Ethical Decision-Making. *Process Journal of Business Ethics*, 2005, 59.

［32］Cramer J M. Organising Corporate Social Responsibility in International Product Chains. *Journal of Cleaner Production*, 2007.

［33］Cruz J M. Dynamics of Supply Chain Networks with Corporate Social Responsibility Through Integrated

Environmental Decision-making. *European Journal of Operational Research*, 2007.

[34] Cushman F. *Crime and Punishment: Distinguishing the Roles of Causal and Intentional Analyses in Moral Judgment*. Cognition, 2008, 108 (2).

[35] Cushman F, Young L, Hauser M. The Role of Conscious Reasoning and Intuition in Moral Judgment: Testing Three Principles of Harm. *Psychological Science*, 2006, 17.

[36] Dollinger Marc J, Cathy A Enz, Catherine M. Daily, Purchasing From Minority Small Businesses. *International Journal of Purchasing and Materials Management*, 1991, 27(2).

[37] Donaldson T, Preston L E. The Stakeholder Theory of the Corporation: Concepts, Evidence, and Implications. *Academy of Management Review*, 1995, 20.

[38] Dowling. *Creating Corporate Reputation. Identity, Image, Performance*, Oxford University Press, 2001.

[39] Dubinsky A J. Gwin J M. Business Ethics: Buyers and Sellers. *Journal of Purchasing and Materials Management*, 1981,17(4).

[40] Dubinsky A J, Loken B. Analyzing Ethical, Decision Making in Marketing. *Journal of Business Research*, 1989, 19.

[41] Duran, Jose Luis, Fernando Sanchez. The Relationships between the Companies and Their Suppliers. *Journal of Business Ethics*, 1999, 22.

[42] Emmelhainz Margaret A, Ronald J Adams. The Apparel Industry Response to 'Sweatshop' Concerns: A Review and Analysis of Codes of Conduct. *Journal of Supply Chain Management*, 1999, 35(3).

[43] Falck O, Stephan Heblich. Corporate Social Responsibility:

Doing Well by Doing Good. *Business Horizons*, 2007, 50.

［44］Ferrell O C, Gresham L G. A Contingency Framework For Understanding Ethical Decision Making in Marketing. *Journal of Marketing*, 1985, 49.

［45］Forker L B, Janson R L. Ethical Practices in Purchasing. *Journal of Purchasing and Materials Management*, 1990, 26.

［46］Freeman R E. *Strategic Management: A Stakeholder Approach. Harper Collins*, 1984.

［47］Friedrich J, Barnes P, Chapin K, Dawson I, Garst V, Kerr D. Psychophysical Numbing: When Lives are Valued Less as the Lives at Risk Increase. *Journal of Consumer Psychology*, 1999, 8(3).

［48］Fritzsche David J, Effy Oz. Personal Values Influence on the Ethical Dimension of Decision Making. *Journal of Business Ethics*, 2007.

［49］Fukukawa K, Moon J. A Japanese Model of Corporate Social Responsibility? *The Journal of Corporate Citizenship*, 2004, 16.

［50］Gandz Jeffrey, Bird Frederick G. The Ethics of Empowerment. *Journal of Business Ethics*, 1996,15 (4).

［51］Gerwin van der Laan, Hans Van Ees, Arjen Van Witteloostuijn. Corporate Social and Financial Performance: An Extended Stakeholder Theory, and Empirical Test with Accounting Measures. *Journal of Business Ethics*, 2008,79(3).

［52］Gino F, Bazerman M H. When Misconduct Goes Unnoticed: The Acceptability of Gradual Erosionin Others'Unethical Behavior. *Journal of Experimental Social Psychology*, 2009 (45).

［53］Gino F, Moore D A, Bazerman M H. See no Evil: When

We Overlook Other People's Unethical Behavior, in Kramer R M, Tenbrunsel A E & Bazerman M H(Eds.), *Social Decision Making: Social Dilemmas, Social Values, and Ethical Judgments*. Psychology Press, 2009.

[54] Gino F, Moore D A, Bazerman M H. No Harm, No Foul: The Outcome Bias in Ethical Judgments. HBS Working Paper No. 08—080, February, 2008.

[55] Gino F, Shu Lisa L, Bazerman M H. Nameless+Harmless= Blameless: When Seemingly Irrelevant Factors Influence Judgment of (Un)Ethical Behavior. HBS Working Paper No. 09—020, 2008.

[56] Gregorio Martín de Castro, JoséEmilio Navas López and Pedro López Sáez. Business and Social Reputation: Exploring the Concept and Main Dimensions of Corporate Reputation. *Journal of Business Ethics*, 2006, 63.

[57] Greene J, Haidt J. How(and Where) Does Moral Judgment Work? *Trends Cognition Sciences*, 2002, 6(12).

[58] Greene J D, Lindsell D, Clarke A C, Nystrom L E, Cohen J D. Pushing Moral Buttons: The Interaction Between Personal Force and Intention in Moral Judgment. *Unpublished Manuscript*, 2008.

[59] Greene J D, Nystrom L E, Engell A D, Darley J M, Cohen J D. The Neural Bases of Cognitive Conflict and Control in Moral Judgment. *Neuron*, 2004, 44.

[60] Greene J D, Sommerville R B, Nystrom L E, Darley J M, Cohen J D. An fMRI Investigation of Emotional Engagement in Moral Judgment. *Science*, 2001, 293.

[61] Greene J D. The Secret Joke of Kant's Soul, in Moral Psychology, Sinnott-Armstrong (Ed.), *Moral Psychology Vol. 3: The Neuroscience of Morality: Emotion, Disease,*

and Development. MIT Press, 2007.

[62] Groves, Kevin, Charles Vance, Yongsun Paik. Linking Linear/Nonlinear Thinking Style Balance and Managerial Ethical Decision-Making. *Journal of Business Ethics*, 2008, 80(2).

[63] Guidi M, Joe Hiller, Heather Tarbert. Maximizing the Firm's Value to Society Through Ethical Business Decisions: Incorporating 'Moral Debt' Claims. *Critical Pelspectives on Accounting*, 2007.

[64] Gundlach M J, Douglas S C, Martinko M J. The Decision to Blow the Whistle: A Social Information Processing Framework. *Academy of Management Review*, 2003, 28(1).

[65] Haidt J. The New Synthesis in Moral Psychology. *Science*, 2007, 316(5827).

[66] Haidt J. The Emotional Dog and Its Rational Tail: A Social Intuitionist Approach to Moral Judgment. *Psychological Review*, 2001, 108(4).

[67] Haidt J, Joseph C. Intuitive Ethics: How Innately Prepared Intuitions Generate Culturally Variable Virtues. *Daedalus*, 2004.

[68] Hunt S D, Vitell S J. A General Theory of Marketing Ethics. *Journal of Macromarketing*, 1986, 6.

[69] Jawahar I M, McLaughlin G L. Toward A Descriptive Stakeholder Theory: An Organizational Life Cycle Approach. *Academy of Management Review*, 2001, 26.

[70] Jennings Marianne M, Jon Entine. Business with a Soul: A Reexamination of What Counts in Business Ethics. *Journal of Public Law and Policy*, 1999, 20(1).

[71] Jolls C, Sunstein C R, Thaler R. A Behavioral Approach to Law and Economics. *Stanford Law Review*, 1998, 50(5).

[72] Jones T M. Ethical Decision Making by Individuals in Organizations: An Issue-Contingent Model. *Academy of Management Review*, 1991, 160.

[73] Jones T M. Instrumental Stakeholder Theory: A Synthesis of Ethics and Economics. *Academy of Management Review*, 1995, 20.

[74] Jones T M, Will Felps, Gregory A Bigley. Ethical Theory and Stakeholder-Related Decision: The Role of Stakeholder Culture. *Academy of Management Review*, 2007, 32(1).

[75] Kahneman D, Tversky A. Prospect Theory: An Analysis of Decisions Under Risk. *Econometrica*, 1979, 47.

[76] Kahneman D, Tversky A. The Pschological of Preferences. *Scientific American*, 1982, 246.

[77] Kahneman D, Frederick S. Representativeness Revisitited: Attribute Substitution in Intuitive Judgment. In Gilovich T, Griffin D & Kahneman D (Eds.), *Heuristics and Biases: The Psychology of Intuitive Judgment*. Cambridge University Press, 2002.

[78] Kern M C, Chugh D. Bounded Ethicality: The Perils of Loss Framing. *Psychological Science*, 2009, 20(3).

[79] Kogut T, Ritov I. The "Identified Victim" Effect: An Identified Group, or Just A Single Individual? *Journal of Behavioral Decision Making*, 2005a, 18.

[80] Kogut T, Ritov I. The Singularity Effect of Identified Victims in Separate and Joint Evaluations. *Organizational Behavior and Human Decision Processes*, 2005b, 97.

[81] Kohlberg L. Stage and Sequence: The Cognitive-developmental Approach to Socialization, In D. A. Goslin (Ed.), *Handbook of Socialisation Theory and Research*, Rand McNally, 1969.

[82] Krause Daniel R, Gary L Ragatz, Shane Hughley. Supplier

Development from the Minonty Supplier's Perspective. *Journal of Supply Chain Management*, 1999, 35(4).

[83] Laibson David. Golden Eggs and Hyperbolic Discounting. *Quarterly Journal of Economics*, 1997, 112 (2).

[84] Landeros R L, Plank R E. How Ethical are Purchasing Management Professionals? *Journal of Business Ethics*, 1996, 15.

[85] Licht Amir N. The Maximands of Corporate Governance: A Theory of Values and Cognitive Style. *Delaware Journal of Corporate Law*, 2004, 29(3).

[86] Greg E Loviscky, Linda K Treviño, Rick R Jacobs. Assessing Managers' Ethical Decisionmaking: An Objective Measure of Managerial Moral Judgment. *Journal of Business Ethics*, 2007.

[87] Loewenstein G, Small D A, Strnad J. Statistical, Identifiable, and Iconic Victims. In McCaffery E J & Slemrod J (Eds.), *Behavioral Public Finance*, Russell Sage Foundation Press, 2006.

[88] Mazzocco P J, Alicke M D, Davis T L. On the Robustness of Outcome Bias: No Constraint by Prior Culpability. *Basic and Applied Social Psychology*, 2004, 26.

[89] McClure S M, Laibson D I, Loewenstein G, Cohen J D. Separate Neural Systems Value Immediate and Delayed Monetary Rewards. *Science*, 2004, 306.

[90] McDevitt R, Catherine Giapponi, Cheryl Tromley. A Model of Ethical Decision Making: The Integration of Process and Content. *Journal of Business Ethics*, 2007, 73(2).

[91] McMahon J M, Harvey R J. An Analysis of the Factor Structure of Jones' Moral Intensity Construct. *Journal of Business Ethics*, 2006, 64(4).

[92] Messick D M. Equality, Fairness, and Social Conflict. *Social Justice Research*, 1995, 8.

[93] Messick D M. Why Ethics is not the Only Thing that Matters. *Business Ethics Quarterly*, 1996, 6.

[94] Messick D M, Bazerman M H. Ethical Leadership and the Psychology of Decision Making. *Sloan Management Review*, 1996.

[95] Messick D M, Bloom S, Boldizar J P, Samuelson C D. Why We are Fairer than Others. *Journal of Experimental Social Psychology*, 1985, 21.

[96] Milliken F J. Three Types of Perceived Uncertainty About Environment: State, Effect, and Response Uncertainty. *Academy of Management Review*, 1987, 12.

[97] Min Hokey, William P Galle. Green Purchasing Strategies: Trends and Implications. *International Journal of Purchasing and Materials Management*, 1997, 33(3).

[98] Mitchell R K, Agle B R, Wood D J. Toward A Theory of Stakeholder Identification and Salience: Defining the Principle of Who and What Really Counts. *Academy of Management Review*, 1997, 22.

[99] Moore D, Tetlock P E, Tanlu L, Bazerman M. Conflicts of Interest and the Case of Auditor Independence: Moral Seduction and Strategic Issue Cycling. *Academy of Management Review*, 2006, 31.

[100] Morris S A, McDonald R A. The Role of Moral Intensity in Moral Judgments: An Empirical Investigation. *Journal of Business Ethics*, 1995, 14 (9).

[101] Murnighan J K, Cantelon D A, Elyashiv T. Bounded Personal Ethics and the Tap Dance of Real Estate Agency. In Wagner J A, Bartunek J M & Elsbach K D (Eds.), *Advances in*

Qualitative Organization Research, 2001, 3. Elsevier.

[102] Murphy Paul R, Richard F Poist. Socially Responsible Logistics: An Exploratory Study. *Transportation Journal*, 2002, 41(4).

[103] Paharia N, Kassam K, Greene J, Bazerman M H. Dirty Work, Clean Hands: The Moral Psychology of Indirect Agency. *HBS Working Paper Number*, 2008. 8.

[104] Post James E, Preston Lee E, Sachs Sybille. Managing the Extended Enterprise: The New Stakeholder View. *California Management Review*, 2002, 45(1).

[105] Razzaque Mohammed A, Tan Piak Hwee. Ethics and Purchasing Dilemma: A Singaporean View. *Journal of Business Ethics*, 2002, 35.

[106] Reidenbach R E, Robin D P. Towards the Development of A Multi-dimensional Scale for Improving Evaluations of Business Ethics. *Journal of Business Ethics*, 1990, 9.

[107] Rest J R. *Moral Development: Advances in Research and Theory*. Praeger, 1986.

[108] Ritov I, Baron J. Reluctance to Vaccinate: Omission Bias and Ambiguity. *Journal of Behavioral Decision Making*, 1990, 3.

[109] Roberts Sarah. Supply Chain Specific? Understanding the Patchy Success of Ethical Sourcing Initiatives. *Journal of Business Ethics*, 2003, 44.

[110] Ross M. Relation of Implicit Theories to the Construction of Personal Histories. *Psychological Review*, 1989, 96.

[111] Royzman E B, Baron J. The Preference for Indirect Harm. *Social Justice Research*, 2002, 15.

[112] Rudelius W, Buchholz R. Ethical Problems of Purchasing Managers. *Harvard Business Review*, 1979, 57.

[113] Saaty T L. *The Analytic Hierarchy Process*. McGraw-Hill, 1980.

[114] Sa'nchez J L F, Ladislao Luna Sotorr'o. The Creation of Value Through Corporate Reputation. *Journal of Business Ethics*, 2007.

[115] Simon Herbert A. A Behavioral Model of Rational Choice. *The Quarterly Journal of Economics*, 1955, 69.

[116] Simon H A. *Models of Man, Social and Rational*. Wiley, 1957.

[117] Simons D J. Current Approaches to Change Blindness. *Visual Cognition*, 2000, 7(1−3).

[118] Simons D J, Chabris C F, Schnur T, Levin D T. Evidence for Preserved Representations in Change Blindness. *Consciousness & Cognition: An International Journal*, 2002, 11(1).

[119] Shu L L, Gino F, Bazerman M H. Dishonest Deed, Clear Conscience: Self-preservation Through Moral Disengagement and Motivated Forgetting. HBS Working Paper 2009,1.

[120] Singhapakdi A, Kenneth L Kraft, Scott J Vitell, Kumar C Rallapalli. The Perceived Importance of Ethics and Social Responsibility on Organizational Effectiveness: A Survey of Marketers. *Journal of the Academy of Marketing Science*, 1995, 23.

[121] Small D A, Loewenstein G. Helping the Victim or Helping A Victim: Altruism and Identifiability. *Journal of Risk and Uncertainty*, 2003, 26(1).

[122] Small D A, Loewenstein G. The Devil You Know: The Effect of Identifiability on Punitiveness. *Journal of Behavioral Decision Making*, 2005, 18 (5).

[123] Spranca M, Minsk E, Baron J. Omission and Commission

in Judgment and Choice. *Journal of Experimental Social Psychology*, 1991, 27.

[124] Stanovich K E, West R F. Individual Differences in Reasoning: Implications for the Rationality Debate. *Behavioral & Brain Sciences*, 2000, 23.

[125] Stein Eric W, Norita Ahmad. Using the Analytical Hierarchy Process (AHP) to Construct A Measure of the Magnitude of Consequences Component of Moral Intensity. *Journal of Business Ethics*, 2009, DOI: 10.1007/s10551—008—0006—8.

[126] Tadepalli R, Abel Moreno, Salvador Trevino. Do American and Mexican Purchasing Managers Perceive Ethical Situations Differently? *Industrial Marketing Management*, 1999,28.

[127] Tenbrunsel Ann E, Diekmann Kristina A, Wade-Benzoni, Kimberly A, Bazerman Max H. The Ethical Mirage: A Temporal Explanation as to Why We Aren't as Ethical as We Think We Are (revised), HBS Working Paper No. 08—012.

[128] Tenbrunsel A E, Messick D M. Ethical Fading: The Role of Self Deception in Unethical Behavior. *Social Justice Research*, 2004, 17(2).

[129] Tenbrunsel A E, Smith-Crowe K. Ethical Decision Making: Where We're Been and Where We're Going. *Academy of Management Annals*, 2008, 2.

[130] Trevino L K, Youngblood S A. Bad Apples in Bad Barrels: A Causal Analysis of Ethical Decision Making Behavior. *Journal of Applied Psychology*, 1990, 75(4).

[131] Trevino L K. Ethical Decision Making in Organizations: A Person-Situation Interactionist Model. *Academy of Management Review*, 1986, 11(3).

[132] Trope Y, Liberman N. Temporal Construal. *Psychological*

Review, 2003, 95.

[133] Tsalikis J, B Seaton, Shepherd P. Relative Importance Measurement of the Moral Intensity Dimensions. *Journal of Business Ethics*, 2008, 80.

[134] Turiel E. The Development of Social Knowledge: Morality and Convention. Cambridge University Press, 1983.

[135] Vandekerckhove, Wim, Nikolay A Dentchev. A Network Perspective on Stakeholder Management: Facilitating Entrepreneurs in the Discovery of Opportunities. *Journal of Business Ethics*, 2005, 60.

[136] Velasquez Manuel G. *Business Ethics, Concepts and Cases, Englewood Cliffs*. Simon and Schuster, 1982.

[137] Verkerk Mj, J. A. H. J. De Leede Nijhof. From Responsible Management to Responsible Organizations. *Business and Society Review*, 2001, 106(4).

[138] Waldmann M, Dieterich J. Throwing a Bomb on A Person Versus Throwing Person on A Bomb: Intervention Myopia in Moral Intuitions. *Psychological Science*, 2007, 18.

[139] Wheel D, Sillanpää M. *The Stakeholder Corporation: A Blueprint for Maximizing Stakeholder Value*. Pitman Publishing, 1997.

[140] Zhong C B, Liljenquist K. Washing Away Your Sins: Threatened Morality and Physical Cleansing. *Science*, 2006, 313(9).

[141] 阿奇·B·卡罗尔:《企业与社会:伦理与利益相关者管理》, 黄煜平等译, 机械工业出版社, 2004 年。

[142] 亓奎言:《"科学"地研究道德判断的可能——Greene 的道德判断冲突处理理论》,《科学研究》, 2008 年第 6 期。

[143] 唐·泰普斯科特, 安东尼·D·威廉姆斯:《维基经济学——大规模协作如何改变一切》, 何帆, 林季红译, 中国青年出版

社,2007年。

[144] 约瑟夫·W·韦斯:《商业伦理——利益相关者分析与问题管理方法》,符彩霞译,中国人民大学出版社,2005年。

[145] 周延云,李瑞娥:《现代企业伦理决策实证研究述评》,《经济管理·新管理》,2006年第14期。

[146] 温忠麟,张雷,侯杰泰,刘红云:《中介效应检验程序及其应用》,《心理学报》,2004年第5期。

[147] 吴红梅,刘洪:《西方伦理决策研究述评》,《外国经济与管理》,2006年第12期。

[148] 徐平,迟毓凯:《道德判断的社会直觉模型述评》,《心理科学》,2007年。

附录

实验场景

实验一(第一组)——第一次

　　如果您是企业的决策者,对于下面甲、乙、丙三个供应商的行为,您认为其不符合伦理规范的程度有多深?您会怎样责备那个供应商?您会怎样处罚那个供应商?请根据您的判断与决定,在最符合的数字上面打钩。

行为	对供应商行为的伦理判断	如何责备供应商	如何惩罚供应商
甲供应商要求员工下班后加班10分钟(只支付很少加班费)。	1 完全符合伦理规范 2 基本符合伦理规范 3 稍微不符合伦理规范 4 有点不符合伦理规范 5 较不符合伦理规范 6 很不符合伦理规范 7 极不符合伦理规范	1 完全不责备 2 基本不责备 3 稍微责备 4 有点严厉地责备 5 较严厉地责备 6 很严厉地责备 7 极严厉地责备	1 不惩罚 2 基本不惩罚 3 稍微惩罚 4 有点严厉地惩罚 5 较严厉地惩罚 6 很严厉地惩罚 7 极严厉地惩罚
乙供应商污水处理时间减少了10分钟(减少10分钟的处理影响不明显,但减少1小时的处理会对环境造成严重影响)。	1 完全符合伦理规范 2 基本符合伦理规范 3 稍微不符合伦理规范 4 有点不符合伦理规范 5 较不符合伦理规范 6 很不符合伦理规范 7 极不符合伦理规范	1 完全不责备 2 基本不责备 3 稍微责备 4 有点严厉地责备 5 较严厉地责备 6 很严厉地责备 7 极严厉地责备	1 不惩罚 2 基本不惩罚 3 稍微惩罚 4 有点严厉地惩罚 5 较严厉地惩罚 6 很严厉地惩罚 7 极严厉地惩罚

续表

行为	对供应商行为的伦理判断	如何责备供应商	如何惩罚供应商
丙供应商在原料中添加了某化学物10毫克（5毫克以内不会对人体产生危害，超过5毫克会对人体产生危害）。	1 完全符合伦理规范 2 基本符合伦理规范 3 稍微不符合伦理规范 4 有点不符合伦理规范 5 较不符合伦理规范 6 很不符合伦理规范 7 极不符合伦理规范	1 完全不责备 2 基本不责备 3 稍微责备 4 有点严厉地责备 5 较严厉地责备 6 很严厉地责备 7 极严厉地责备	1 不惩罚 2 基本不惩罚 3 稍微惩罚 4 有点严厉地惩罚 5 较严厉地惩罚 6 很严厉地惩罚 7 极严厉地惩罚

实验一（第一组）——第二次

如果您是企业的决策者，对于下面甲、乙、丙三个供应商的行为，您认为其不符合伦理规范的程度有多深？您会怎样责备那个供应商？您会怎样处罚那个供应商？请根据您的判断与决定，在最符合的数字上面打钩。

行为	对供应商行为的伦理判断	如何责备供应商	如何惩罚供应商
甲供应商要求员工的加班时间延长了10分钟（只支付很少加班费）。	1 完全符合伦理规范 2 基本符合伦理规范 3 稍微不符合伦理规范 4 有点不符合伦理规范 5 较不符合伦理规范 6 很不符合伦理规范 7 极不符合伦理规范	1 完全不责备 2 基本不责备 3 稍微责备 4 有点严厉地责备 5 较严厉地责备 6 很严厉地责备 7 极严厉地责备	1 不惩罚 2 基本不惩罚 3 稍微惩罚 4 有点严厉地惩罚 5 较严厉地惩罚 6 很严厉地惩罚 7 极严厉地惩罚
乙供应商污水处理时间又减少了10分钟（减少10分钟的处理影响不明显，但减少1小时的处理会对环境造成严重影响）。	1 完全符合伦理规范 2 基本符合伦理规范 3 稍微不符合伦理规范 4 有点不符合伦理规范 5 较不符合伦理规范 6 很不符合伦理规范 7 极不符合伦理规范	1 完全不责备 2 基本不责备 3 稍微责备 4 有点严厉地责备 5 较严厉地责备 6 很严厉地责备 7 极严厉地责备	1 不惩罚 2 基本不惩罚 3 稍微惩罚 4 有点严厉地惩罚 5 较严厉地惩罚 6 很严厉地惩罚 7 极严厉地惩罚

行为	对供应商行为的伦理判断	如何责备供应商	如何惩罚供应商
丙供应商在原料中添加的某化学物增加了1毫克（5毫克以内不会对人体产生危害，超过5毫克会对人体产生危害）。	1 完全符合伦理规范 2 基本符合伦理规范 3 稍微不符合伦理规范 4 有点不符合伦理规范 5 较不符合伦理规范 6 很不符合伦理规范 7 极不符合伦理规范	1 完全不责备 2 基本不责备 3 稍微责备 4 有点严厉地责备 5 较严厉地责备 6 很严厉地责备 7 极严厉地责备	1 不惩罚 2 基本不惩罚 3 稍微惩罚 4 有点严厉地惩罚 5 较严厉地惩罚 6 很严厉地惩罚 7 极严厉地惩罚

实验一（第一组）——第三、四、五、六次

如果您是企业的决策者，对于下面甲、乙、丙三个供应商的行为，您认为其不符合伦理规范的程度有多深？您会怎样责备那个供应商？您会怎样处罚那个供应商？请根据您的判断与决定，在最符合的数字上面打钩。

行为	对供应商行为的伦理判断	如何责备供应商	如何惩罚供应商
甲供应商要求员工的加班时间又延长了10分钟（只支付很少加班费）。	1 完全符合伦理规范 2 基本符合伦理规范 3 稍微不符合伦理规范 4 有点不符合伦理规范 5 较不符合伦理规范 6 很不符合伦理规范 7 极不符合伦理规范	1 完全不责备 2 基本不责备 3 稍微责备 4 有点严厉地责备 5 较严厉地责备 6 很严厉地责备 7 极严厉地责备	1 不惩罚 2 基本不惩罚 3 稍微惩罚 4 有点严厉地惩罚 5 较严厉地惩罚 6 很严厉地惩罚 7 极严厉地惩罚
乙供应商污水处理时间又减少了10分钟（减少10分钟的处理影响不明显，但减少1小时的处理会对环境造成严重影响）。	1 完全符合伦理规范 2 基本符合伦理规范 3 稍微不符合伦理规范 4 有点不符合伦理规范 5 较不符合伦理规范 6 很不符合伦理规范 7 极不符合伦理规范	1 完全不责备 2 基本不责备 3 稍微责备 4 有点严厉地责备 5 较严厉地责备 6 很严厉地责备 7 极严厉地责备	1 不惩罚 2 基本不惩罚 3 稍微惩罚 4 有点严厉地惩罚 5 较严厉地惩罚 6 很严厉地惩罚 7 极严厉地惩罚

行为	对供应商行为的伦理判断	如何责备供应商	如何惩罚供应商
丙供应商在原料中添加的某化学物又增加了1毫克(5毫克以内不会对人体产生危害,超过5毫克会对人体产生危害)。	1 完全符合伦理规范 2 基本符合伦理规范 3 稍微不符合伦理规范 4 有点不符合伦理规范 5 较不符合伦理规范 6 很不符合伦理规范 7 极不符合伦理规范	1 完全不责备 2 基本不责备 3 稍微责备 4 有点严厉地责备 5 较严厉地责备 6 很严厉地责备 7 极严厉地责备	1 不惩罚 2 基本不惩罚 3 稍微惩罚 4 有点严厉地惩罚 5 较严厉地惩罚 6 很严厉地惩罚 7 极严厉地惩罚

实验一(第二组)

如果您是企业的决策者,对于下面甲、乙、丙三个供应商的行为,您认为其不符合伦理规范的程度有多深?您会怎么样责备那个供应商?您会怎么样处罚那个供应商?请根据您的判断与决定,在最符合的数字上面打钩。

行为	对供应商行为的伦理判断	如何责备供应商	如何惩罚供应商
甲供应商要求工人下班后加班1小时(只付很少加班费)。	1 完全符合伦理规范 2 基本符合伦理规范 3 稍微不符合伦理规范 4 有点不符合伦理规范 5 较不符合伦理规范 6 很不符合伦理规范 7 极不符合伦理规范	1 完全不责备 2 基本不责备 3 稍微责备 4 有点严厉地责备 5 较严厉地责备 6 很严厉地责备 7 极严厉地责备	1 不惩罚 2 基本不惩罚 3 稍微惩罚 4 有点严厉地惩罚 5 较严厉地惩罚 6 很严厉地惩罚 7 极严厉地惩罚
乙供应商污水处理时间减少了1小时(减少10分钟的处理对环境的影响不明显,但减少1小时的处理会对环境造成严重影响)。	1 完全符合伦理规范 2 基本符合伦理规范 3 稍微不符合伦理规范 4 有点不符合伦理规范 5 较不符合伦理规范 6 很不符合伦理规范 7 极不符合伦理规范	1 完全不责备 2 基本不责备 3 稍微责备 4 有点严厉地责备 5 较严厉地责备 6 很严厉地责备 7 极严厉地责备	1 不惩罚 2 基本不惩罚 3 稍微惩罚 4 有点严厉地惩罚 5 较严厉地惩罚 6 很严厉地惩罚 7 极严厉地惩罚

行为	对供应商行为的伦理判断	如何责备供应商	如何惩罚供应商
丙供应商在原料中添加的某化学物6毫克(5毫克以内不会对人体产生危害,超过5毫克会对人体产生危害)。	1 完全符合伦理规范 2 基本符合伦理规范 3 稍微不符合伦理规范 4 有点不符合伦理规范 5 较不符合伦理规范 6 很不符合伦理规范 7 极不符合伦理规范	1 完全不责备 2 基本不责备 3 稍微责备 4 有点严厉地责备 5 较严厉地责备 6 很严厉地责备 7 极严厉地责备	1 不惩罚 2 基本不惩罚 3 稍微惩罚 4 有点严厉地惩罚 5 较严厉地惩罚 6 很严厉地惩罚 7 极严厉地惩罚

实验二(第一组)

如果您是企业的决策者,对于下面甲、乙、丙三个供应商的行为,您认为其不符合伦理规范的程度有多深? 您会怎样责备那个供应商? 您会怎样处罚那个供应商? 请根据您的判断与决定,在最符合的数字上面打钩。

行为	对供应商行为的伦理判断	如何责备供应商	如何惩罚供应商
甲供应商每个周末要求工人加班6个小时,体质好的员工不会有任何身体不适,体质差的员工可能会有不良反应。员工体质都很好,没有工人因此而产生身体不适。	1 完全符合伦理规范 2 基本符合伦理规范 3 稍微不符合伦理规范 4 有点不符合伦理规范 5 较不符合伦理规范 6 很不符合伦理规范 7 极不符合伦理规范	1 完全不责备 2 基本不责备 3 稍微责备 4 有点严厉地责备 5 较严厉地责备 6 很严厉地责备 7 极严厉地责备	1 不惩罚 2 基本不惩罚 3 稍微惩罚 4 有点严厉地惩罚 5 较严厉地惩罚 6 很严厉地惩罚 7 极严厉地惩罚

行为	对供应商行为的伦理判断	如何责备供应商	如何惩罚供应商
乙供应商向附近的河流偷排了10立方的污水，如果气温较高，则会导致河中的鱼死亡，如果气温不高，则不会有影响。今年气温不高，没有对河里的生物造成什么影响。	1 完全符合伦理规范 2 基本符合伦理规范 3 稍微不符合伦理规范 4 有点不符合伦理规范 5 较不符合伦理规范 6 很不符合伦理规范 7 极不符合伦理规范	1 完全不责备 2 基本不责备 3 稍微责备 4 有点严厉地责备 5 较严厉地责备 6 很严厉地责备 7 极严厉地责备	1 不惩罚 2 基本不惩罚 3 稍微惩罚 4 有点严厉地惩罚 5 较严厉地惩罚 6 很严厉地惩罚 7 极严厉地惩罚
丙供应商在原料中添加了少量的化学物质，如果消费者大量食用，则会有不良反应，如果消费者正常食用，不会有不良反应。没有消费者大量食用，没有出现不良反应。	1 完全符合伦理规范 2 基本符合伦理规范 3 稍微不符合伦理规范 4 有点不符合伦理规范 5 较不符合伦理规范 6 很不符合伦理规范 7 极不符合伦理规范	1 完全不责备 2 基本不责备 3 稍微责备 4 有点严厉地责备 5 较严厉地责备 6 很严厉地责备 7 极严厉地责备	1 不惩罚 2 基本不惩罚 3 稍微惩罚 4 有点严厉地惩罚 5 较严厉地惩罚 6 很严厉地惩罚 7 极严厉地惩罚

实验二（第二组）

如果您是企业的决策者，对于下面甲、乙、丙三个供应商的行为，您认为其不符合伦理规范的程度有多深？您会怎样责备那个供应商？您会怎样处罚那个供应商？请根据您的判断与决定，在最符合的数字上面打钩。

供应商的 不规范行为	对供应商行为的 伦理判断	如何责备供应商	如何惩罚供应商
甲供应商每个周末要求工人加班4个小时,体质好的员工不会有任何身体不适,体质差的员工可能会有不良反应。有员工体质较差,因疲劳而昏倒。	1 完全符合伦理规范 2 基本符合伦理规范 3 稍微不符合伦理规范 4 有点不符合伦理规范 5 较不符合伦理规范 6 很不符合伦理规范 7 极不符合伦理规范	1 完全不责备 2 基本不责备 3 稍微责备 4 有点严厉地责备 5 较严厉地责备 6 很严厉地责备 7 极严厉地责备	1 不惩罚 2 基本不惩罚 3 稍微惩罚 4 有点严厉地惩罚 5 较严厉地惩罚 6 很严厉地惩罚 7 极严厉地惩罚
乙供应商向附近的河流排放了8立方的污水,如果气温较高,则会导致河中的鱼死亡,如果气温不高,则不会有影响。今年气温很高,导致河中的鱼大量死亡。	1 完全符合伦理规范 2 基本符合伦理规范 3 稍微不符合伦理规范 4 有点不符合伦理规范 5 较不符合伦理规范 6 很不符合伦理规范 7 极不符合伦理规范	1 完全不责备 2 基本不责备 3 稍微责备 4 有点严厉地责备 5 较严厉地责备 6 很严厉地责备 7 极严厉地责备	1 不惩罚 2 基本不惩罚 3 稍微惩罚 4 有点严厉地惩罚 5 较严厉地惩罚 6 很严厉地惩罚 7 极严厉地惩罚
丙供应商在原料中添加了微量的化学物质,如果消费者大量食用,则会有不良反应,如果消费者正常食用,不会有不良反应。有消费者大量食用,出现了不良反应。	1 完全符合伦理规范 2 基本符合伦理规范 3 稍微不符合伦理规范 4 有点不符合伦理规范 5 较不符合伦理规范 6 很不符合伦理规范 7 极不符合伦理规范	1 完全不责备 2 基本不责备 3 稍微责备 4 有点严厉地责备 5 较严厉地责备 6 很严厉地责备 7 极严厉地责备	1 不惩罚 2 基本不惩罚 3 稍微惩罚 4 有点严厉地惩罚 5 较严厉地惩罚 6 很严厉地惩罚 7 极严厉地惩罚

实验三(第一组)

如果您是企业的决策者,对于下面甲、乙、丙三个供应商的行为,您认为其不符合伦理规范的程度有多深?您会怎样责备那个供应商?您会怎样处罚那个供应商?请根据您的判断与决定,在最符合的数字上面打钩。

行为	对供应商行为的伦理判断	如何责备供应商	如何惩罚供应商
甲供应商每个周末要求员工加班,有员工因此而昏倒。	1 完全符合伦理规范 2 基本符合伦理规范 3 稍微不符合伦理规范 4 有点不符合伦理规范 5 较不符合伦理规范 6 很不符合伦理规范 7 极不符合伦理规范	1 完全不责备 2 基本不责备 3 稍微责备 4 有点严厉地责备 5 较严厉地责备 6 很严厉地责备 7 极严厉地责备	1 不惩罚 2 基本不惩罚 3 稍微惩罚 4 有点严厉地惩罚 5 较严厉地惩罚 6 很严厉地惩罚 7 极严厉地惩罚
乙供应商向附近的水域排放了一些未加处理的污水。	1 完全符合伦理规范 2 基本符合伦理规范 3 稍微不符合伦理规范 4 有点不符合伦理规范 5 较不符合伦理规范 6 很不符合伦理规范 7 极不符合伦理规范	1 完全不责备 2 基本不责备 3 稍微责备 4 有点严厉地责备 5 较严厉地责备 6 很严厉地责备 7 极严厉地责备	1 不惩罚 2 基本不惩罚 3 稍微惩罚 4 有点严厉地惩罚 5 较严厉地惩罚 6 很严厉地惩罚 7 极严厉地惩罚
丙供应商在原料中添加了少量的有害物质,有消费者出现了身体不适。	1 完全符合伦理规范 2 基本符合伦理规范 3 稍微不符合伦理规范 4 有点不符合伦理规范 5 较不符合伦理规范 6 很不符合伦理规范 7 极不符合伦理规范	1 完全不责备 2 基本不责备 3 稍微责备 4 有点严厉地责备 5 较严厉地责备 6 很严厉地责备 7 极严厉地责备	1 不惩罚 2 基本不惩罚 3 稍微惩罚 4 有点严厉地惩罚 5 较严厉地惩罚 6 很严厉地惩罚 7 极严厉地惩罚

实验三（第二组）

如果您是企业的决策者，对于下面甲、乙、丙三个供应商的行为，您认为其不符合伦理规范的程度有多深？您会怎样责备那个供应商？您会怎样处罚那个供应商？请根据您的判断与决定，在最符合的数字上面打钩。

行为	对供应商行为的伦理判断	如何责备供应商	如何惩罚供应商
甲供应商每个周末要求员工加班，张春花因此而昏倒。	1 完全符合伦理规范 2 基本符合伦理规范 3 稍微不符合伦理规范 4 有点不符合伦理规范 5 较不符合伦理规范 6 很不符合伦理规范 7 极不符合伦理规范	1 完全不责备 2 基本不责备 3 稍微责备 4 有点严厉地责备 5 较严厉地责备 6 很严厉地责备 7 极严厉地责备	1 不惩罚 2 基本不惩罚 3 稍微惩罚 4 有点严厉地惩罚 5 较严厉地惩罚 6 很严厉地惩罚 7 极严厉地惩罚
乙供应商向张伟承租的水域中排放了一些未加处理的污水	1 完全符合伦理规范 2 基本符合伦理规范 3 稍微不符合伦理规范 4 有点不符合伦理规范 5 较不符合伦理规范 6 很不符合伦理规范 7 极不符合伦理规范	1 完全不责备 2 基本不责备 3 稍微责备 4 有点严厉地责备 5 较严厉地责备 6 很严厉地责备 7 极严厉地责备	1 不惩罚 2 基本不惩罚 3 稍微惩罚 4 有点严厉地惩罚 5 较严厉地惩罚 6 很严厉地惩罚 7 极严厉地惩罚
丙供应商在原料中添加了少量的有害物质，导致顾晓明出现身体不适。	1 完全符合伦理规范 2 基本符合伦理规范 3 稍微不符合伦理规范 4 有点不符合伦理规范 5 较不符合伦理规范 6 很不符合伦理规范 7 极不符合伦理规范	1 完全不责备 2 基本不责备 3 稍微责备 4 有点严厉地责备 5 较严厉地责备 6 很严厉地责备 7 极严厉地责备	1 不惩罚 2 基本不惩罚 3 稍微惩罚 4 有点严厉地惩罚 5 较严厉地惩罚 6 很严厉地惩罚 7 极严厉地惩罚

实验四（第一组）

对于下面甲、乙、丙三个企业的行为，您认为其不符合伦理规范的程度有多深？请根据您的判断，在最符合的数字上面打钩。

行　为	对企业行为的伦理判断
企业甲压低采购价格后，其供应商要求工人每个周末加班6个小时，但只支付较少的加班工资。	1 完全符合伦理规范 2 基本符合伦理规范 3 稍微不符合伦理规范 4 有点不符合伦理规范 5 较不符合伦理规范 6 很不符合伦理规范 7 极不符合伦理规范
企业乙压低采购价格后，其供应商直接排放未加处理的污水。	1 完全符合伦理规范 2 基本符合伦理规范 3 稍微不符合伦理规范 4 有点不符合伦理规范 5 较不符合伦理规范 6 很不符合伦理规范 7 极不符合伦理规范
企业丙对产品色泽作出要求后，其供应商在产品中添加了微量的有害物质。	1 完全符合伦理规范 2 基本符合伦理规范 3 稍微不符合伦理规范 4 有点不符合伦理规范 5 较不符合伦理规范 6 很不符合伦理规范 7 极不符合伦理规范

实验四(第二组)

对于下面甲、乙、丙三个企业的行为,您认为其不符合伦理规范的程度有多深?请根据您的判断与决定,在最符合的数字上面打钩。

行　为	对企业行为的伦理判断
企业甲为了降低成本,要求工人每个周末加班 6 个小时,但只支付较少的加班工资。	1 完全符合伦理规范 2 基本符合伦理规范 3 稍微不符合伦理规范 4 有点不符合伦理规范 5 较不符合伦理规范 6 很不符合伦理规范 7 极不符合伦理规范
企业乙为了降低成本,直接排放未加处理的污水。	1 完全符合伦理规范 2 基本符合伦理规范 3 稍微不符合伦理规范 4 有点不符合伦理规范 5 较不符合伦理规范 6 很不符合伦理规范 7 极不符合伦理规范
企业丙为了使产品色泽鲜亮,在产品中添加了微量的有害物质。	1 完全符合伦理规范 2 基本符合伦理规范 3 稍微不符合伦理规范 4 有点不符合伦理规范 5 较不符合伦理规范 6 很不符合伦理规范 7 极不符合伦理规范

实验五(第一组)

对于下面甲、乙、丙三个企业的行为,您认为其不符合伦理规范的程度有多深? 请根据您的判断,在最符合的数字上面打钩。

行　为	对企业行为的伦理判断
企业甲知道供应商要求工人每个周末加班 6 个小时,且只支付较少的加班工资,没有制止。	1 完全符合伦理规范 2 基本符合伦理规范 3 稍微不符合伦理规范 4 有点不符合伦理规范 5 较不符合伦理规范 6 很不符合伦理规范 7 极不符合伦理规范
企业乙知道供应商直接排放未加处理的污水,没有制止。	1 完全符合伦理规范 2 基本符合伦理规范 3 稍微不符合伦理规范 4 有点不符合伦理规范 5 较不符合伦理规范 6 很不符合伦理规范 7 极不符合伦理规范
企业丙知道供应商在原料中添加对人体有害的物质,没有制止。	1 完全符合伦理规范 2 基本符合伦理规范 3 稍微不符合伦理规范 4 有点不符合伦理规范 5 较不符合伦理规范 6 很不符合伦理规范 7 极不符合伦理规范

实验五(第二组)

对于下面甲、乙、丙三个企业的行为,您认为其不符合伦理规范的程度有多深? 请根据您的判断,在最符合的数字上面打钩。

行 为	对企业行为的伦理判断
企业甲为了降低成本,要求工人每个周末加班 6 个小时,只支付较少的加班工资。	1 完全符合伦理规范 2 基本符合伦理规范 3 稍微不符合伦理规范 4 有点不符合伦理规范 5 较不符合伦理规范 6 很不符合伦理规范 7 极不符合伦理规范
企业乙直接排放未加处理的污水。	1 完全符合伦理规范 2 基本符合伦理规范 3 稍微不符合伦理规范 4 有点不符合伦理规范 5 较不符合伦理规范 6 很不符合伦理规范 7 极不符合伦理规范
企业丙在产品中添加对人体有害的物质。	1 完全符合伦理规范 2 基本符合伦理规范 3 稍微不符合伦理规范 4 有点不符合伦理规范 5 较不符合伦理规范 6 很不符合伦理规范 7 极不符合伦理规范

实验结果分析方法

一、方差分析

方差分析又称"变异数分析""F 检验",简写为"ANOV""ANOVA"。既可作为多组均数之间的显著性检验,也可作为方差之间的显著性检验。方差分析各组观察值服从正态分布或近似正态分布,把所有观察值之间的变异分解为几部分,进而计算其均方,然后相互比较,做统计学处理,确定各因素(控制变量)对研究对象的影响力大小。即通过方差分析,分析不同水平的控制变量是否对结果产生了显著影响。

进行实验时,可控制的试验条件为因素(Factor),因素变化的各个等级为水平(Level)。如果在试验中只有一个因素在变化,其他可控制的条件不变,称它为单因素试验;若试验中变化的因素有两个或两个以上,则称为双因素或多因素试验。

本书采用双因素混合设计研究供应商不符合伦理规范行为结果的好坏以及供应商不符合行为规范的类型对企业对供应商伦理判断的影响。两因素分别为"供应商不符合伦理规范行为的结果"与"供应商不符合伦理规范行为的类型",前者为被试间因素,后者为被试内因素。本书将采用 SPSS 统计软件进行方差分析。

二、中介效应分析

中介效应的分析方法参照 Baron 和 Kenny 的文献。具体来说,考虑自变量 X 对因变量 Y 的影响,如果变量 X 通过影响变量 M 来影响 Y,那么 M 就为中介变量(Mediator)。中介变量的中介作用如图 1 所示。

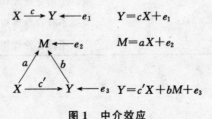

$$X \xrightarrow{c} Y \longleftarrow e_1 \qquad Y = cX + e_1$$

$$M \longleftarrow e_2 \qquad M = aX + e_2$$

$$X \xrightarrow{c'} Y \longleftarrow e_3 \quad Y = c'X + bM + e_3$$

图 1　中介效应

其中,c 是 X 对 Y 的总效应,ab 是经过中介变量 M 的中介效应,c' 是直接效应。如式(附录 1)～式(附录 3)所示。效应之间的关系如式(附录 4)所示。中介效应的大小则用 $c-c'=ab$ 来衡量。

$$Y=cX+e_1 \qquad\qquad (附录 1)$$
$$M+aX+e_2 \qquad\qquad (附录 2)$$
$$Y=c'X+bM+e_3 \qquad\qquad (附录 3)$$
$$c=c'+ab \qquad\qquad (附录 4)$$

本研究中,自变量 X 为不符合伦理规范行为结果的好坏(或受害对象确定与否),中介变量 M 为企业对供应商不符合伦理规范行为的伦理判断,因变量 Y 为企业对供应商的惩罚或责备程度。本书将用 SPSS 软件做回归分析,得出 c 的估计 $\hat{c}$,a,b,c' 的估计 $\hat{A}$,$\hat{B}$,$\hat{c}'$ 以及相应的标准误差 s_a,s_b,s_c。中介变量的估计则为 $\hat{a}\hat{b}$。还可以用中介效应与总效应之比 $\dfrac{\hat{a}\hat{b}}{\hat{c}'+\hat{a}\hat{b}}$,或用中介效应与直接效应之比 $\dfrac{\hat{a}\hat{b}}{\hat{c}'}$ 进一步求出中介效应的相对大小。

温忠麟、张雷、侯杰泰和刘红云总结了中介效应检验程序,如图 2 所示。

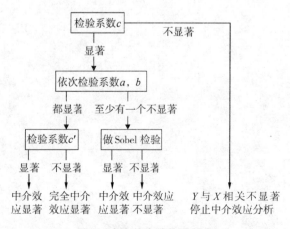

图 2　中介效应的检验程序

其中,Sobel 检验的统计量如下式(附录 5)所示。

$$z = \frac{\hat{a}\hat{b}}{\sqrt{\hat{a}^2 s_b{}^2 + \hat{b}^2 s_a{}^2}} \qquad (\text{附录 5})$$

本书在通过 SPSS 软件得出回归系数 $\hat{c}, \hat{a}, \hat{b}, \hat{c}'$,以及相应的标准误差 s_c, s_a, s_b, s_c 后,根据图 2 中的检验程序依次检验中介效应的大小。

图表索引